CW00550106

prima plus

Deutsch für Jugendliche

Friederike Jin · Lutz Rohrmann · Milena Zbranková

A1.1

Arbeitsbuch

Deine **interaktiven Gratis-Übungen** findest du hier:

- 📱 1. Gehe auf scook.de.
- 🖥 2. Gib den unten stehenden Zugangscode in die Box ein.
- ☺ 3. Hab viel Spaß mit deinen Gratis-Übungen.

Dein Zugangscode auf
www.scook.de

Die Gratis-Übungen können dort nach
Bestätigung der Allgemeinen Geschäfts-
bedingungen genutzt werden.

yd555-5nqrr

A1.1 | Deutsch für Jugendliche

Im Auftrag des Verlages erarbeitet von
Friederike Jin, Lutz Rohrmann und Milena Zbranková

Redaktion: Lutz Rohrmann, Joachim Becker, Dagmar Garve

Beratende Mitwirkung: Roberto Alvarez, Michael Dahms, Katrina Griffin, Thomas Lewandowsky, Milena Zbranková

Illustrationen: Laurent Lalo
Bildredaktion: Katharina Hoppe-Brill

Layoutkonzept: Agentur Rosendahl, Berlin
Technische Umsetzung: zweiband.media, Berlin
Umschlaggestaltung: Rosendahl Berlin, Agentur für Markendesign

Im Lernmittel wird in Form von Symbolen auf eine CD verwiesen, die dem Arbeitsbuch beigefügt ist. Diese enthält – bis auf die Hörverstehensübungen – ausschließlich optionale Unterrichtsmaterialien. Die CD unterliegt nicht dem staatlichen Zulassungsverfahren.

www.cornelsen.de

2. Auflage, 3. Druck 2016

Alle Drucke dieser Auflage sind inhaltlich unverändert
und können im Unterricht nebeneinander verwendet werden.

© 2014 Cornelsen Schulverlage GmbH, Berlin
© 2016 Cornelsen Verlag GmbH, Berlin

Das Werk und seine Teile sind urheberrechtlich geschützt.
Jede Nutzung in anderen als den gesetzlich zugelassenen Fällen bedarf der
vorherigen schriftlichen Einwilligung des Verlages.
Hinweis zu den §§ 46, 52a UrhG: Weder das Werk noch seine Teile dürfen ohne
eine solche Einwilligung eingescannt und in ein Netzwerk eingestellt oder sonst
öffentlich zugänglich gemacht werden.
Dies gilt auch für Intranets von Schulen oder sonstigen Bildungseinrichtungen.

Druck: Parzeller print & media GmbH & Co. KG, Fulda

ISBN: 978-3-06-120633-8

PEFC zertifiziert
Dieses Produkt stammt aus nachhaltig
bewirtschafteten Wäldern und kontrollierten
Quellen.

www.pefc.de

 Neu hier? Seite 4

 Hobbys Seite 40

 Meine Klasse Seite 12

 Meine Familie Seite 48

 Tiere Seite 20

 Was kostet das? Seite 56

 Kleine Pause Seite 28

 Große Pause Seite 64

 Mein Tag Seite 32

Grammatik im Überblick Seite 72
Lösungen zu „Was kann ich jetzt?" Seite 78

4   Hier gibt es eine Audioaufnahme.

⊕   Hier gibt es Zusatzübungen auf der Arbeitsbuch-CD.

🎲   Hier schreibst du Texte für dein Portfolio.

1 Neu hier?

2 **a Ergänze den Dialog.**

● Hallo. Wie heißt du?

■ *Ich?*

● Ja, du!

■ _____

● Ich bin Florian.

■ _____

● Aus Freiburg. Und du?

■ _____

● Da vorne. Und du?

■ _____

● Bis später. Tschüs!

■ _____

■ Und woher kommst du?

■ Tschüs!

■ ~~Ich?~~

■ Aus Hamburg. Und wo wohnst du?

■ Hier.

■ Ich heiße Annika. Und du?

3 **b Hör den Dialog und sprich nach.**

c Übe das „ß".

ß _____

heißen _____

2 Hören üben

4 **Was hörst du: a oder b ? Kreuze an.**

1. a Wie heißt du?   b Wo wohnst du?
2. a Ich bin Anne.   b Ich bin neu hier.
3. a Woher kommst du?   b Wo wohnst du?
4. a Ich wohne in Köln.   b Ich komme aus Köln.
5. a Tschüs, bis später.   b Auf Wiedersehen.

3 Denk nach

a Ergänze die Tabelle und markiere bei *kommen*, *wohnen* und *heißen* die Endungen.

	kommen	wohnen	heißen	sein
ich	komme			
du				

b Ergänze den Dialog.

● Hallo, wie <u>heißt</u> du?   heißen

■ Ich _____ Carina. Und wer _____ du?   heißen, sein

● Ich _____ Niklas. Wo _____ du?   sein, wohnen

■ Ich _____ hier in Berlin.   wohnen

● Und woher _____ du?   kommen

■ Ich _____ aus Frankfurt. Und du?   kommen

● Ich _____ aus Berlin und _____ in Berlin.   kommen, wohnen

4 Gespräche

a Schreibtraining – Schreib die Frage mit
„?" Fragezeichen und die Antwort mit „." Punkt.
WERBISTDU

_____

ICHBINSMARTI

_____

> *Tipp:*
> *Frageanfang, Satzanfang und Namen*
> *schreibt man groß.*
> *Frageende: ? Satzende: .*

b Und du? Schreib die Fragen und Antworten ins Heft.
Wie heißt du?   Woher kommst du?   Wo wohnst du?

Wie heißt du? – Ich ...

5 Wie schreibt man das?

5 **a** Hör zu und schreib die Namen.

1. _____   4. _____

2. _____   5. _____

3. _____   6. _____

6 **b** Buchstabiere die Städtenamen. Hör zur Kontrolle.

_____ _____ _____ _____ _____

6 Anmeldung

a Schreib den Dialog ins Heft.
Hör zur Kontrolle.

7

Danke, Frau Schott. Willkommen!   Schott.   Und der Vorname?

Wo wohnen Sie, Frau Schott?   Danke.   In Hamburg. Neustraße 2.

Christine.

Guten Tag! Wie heißen Sie, bitte?

> • Guten Tag! ...

b Und du? Ergänze das Formular.

Foto	Name	
	Vorname	
	Familienname	
	Adresse	
	Straße	
	Postleitzahl (PLZ)	Wohnort
	Land	

c Ergänze die Verben.

● Wie heiß___ du?

■ Ich heiß___ Maria.

● Woher komm___ du?

■ Ich komm___ aus Argentinien. Und du?

● Ich heiß___ Mehmet. Ich komm___ aus der Türkei und wohn___ jetzt hier. Wo wohn___ du?

■ Ich wohn___ da vorne.

● Guten Tag, wie heiß____ Sie?

■ Ich heiß___ Meckel.

● Woher komm___ Sie?

■ Ich komm___ aus Hamburg.

● Und wo wohn____ Sie, Frau Meckel?

■ Ich wohn___ in Berlin.

7 Hallo, wie geht's?

8–9

Schreib die Dialoge ins Heft. Hör zur Kontrolle.

Super, und dir?   Tschüs.   Es geht so.

Tschüs. Bis später.   Hallo, Tom, wie geht's?

Danke, gut, und Ihnen?   Auch gut. Bis später.

Guten Tag, Frau Fischer.   Tschüs.

Guten Tag, Lisa, wie geht's?

8 Magst du Tennis?

a Schreib die Sätze.

Ich mag Tennis. _____ _____ _____

b Ergänze *mögen*.

1

● Was *magst* du, Tom?

■ Ich _____ Karate. Und du?

2

● Frau Schneider, was _____ Sie?

■ Ich _____ Schwimmen.

3

● Lea, was _____ du?

■ Ich _____ Musik.

4

● Lea _____ Musik, Tom _____ Karate

und Frau Schneider _____ Schwimmen.

10 **c** Hören üben. Was hörst du: a oder b? Kreuze an.

1. a Was machst du?
2. a Ich mag Tennis sehr.
3. a Was mögen Sie?
4. a Frau Schneider mag München.

   b Was magst du?
   b Ich mag Tischtennis sehr.
   b Was machen Sie jetzt?
   b Frau Schneider wohnt in München.

9 Was magst du?

11 Hör zu und notiere M (Mia), L (Lukas) oder K (Herr Kampmann).

Mia   Lukas   Herr Kampmann

10 Guten Tag – Auf Wiedersehen

Ergänze und ordne den Bildern zu. Es gibt mehrere Möglichkeiten.

1. *Guten* A_____

4. H_____

2. T_____

5. A_____ W_____

3. G_____ T_____

6. G_____ M_____

11 Sätze bauen

a Groß oder klein? Schreib die Wörter richtig.

ICH	*ich*	WOHER	_____	FUßBALL	_____
DU	_____	WO	_____	MUSIK	_____
SIE	_____	WIE	_____	TAG	_____
ER	_____	WAS	_____	GITARRE	_____
HEIßEN	_____	IN	_____	BERLIN	_____
WOHNEN	_____	AUS	_____	SCHWEIZ	_____
MÖGEN	_____			LISA	_____
KOMMEN	_____			FRAU WEBER	_____

b Schreib Sätze mit den Wörtern. Wie viele Sätze und Fragen kannst du schreiben?

Ich heiße Lisa.

12 Schüler-Chat

a Verben-Chaos. Korrigiere die Texte.

1. Grüß Gott! Ich ~~wohne~~ *bin* Hannes und mag in Wien, in Österreich. Ich bin Schwimmen und Radfahren.

2. Guten Tag! Ich mag aus Portugal. Mein Name komme Anna. Ich ist Musik und Surfen.

3. Hallo! Ich komme Sebastian Köller und mag aus Spanien, aus Malaga. Ich bin Tennis und Fußball.

4. Ich mag jetzt in Deutschland, aber ich wohne aus der Schweiz. Ich heiße Kino und Chats.

   Ich komme Alexander.

b Schreib einen Text wie in 12a. Tauscht in der Klasse.

13 Länder und Städte

12   Hör zu. Schreib die Stadt und ergänze das Land.

	Sophie	Florian	Benedikt
Stadt			
Land			

Hörstudio

13 **a** Interview – Hör zu und markiere die richtige Information im Steckbrief.

STECKBRIEF

Vorname	Ron/Ralf
Familienname	Bronner/Brenner
Wohnort	München/Minden
Land	Deutschland/Dänemark
Hobby	Judo/Sudoku

b Schreib die Fragen zum Steckbrief.

Wie *ist dein Vorname?* _____?

Wie _____?

W_____?

W_____?

Was magst _____?

Meine Ecke

a Rätsel – Ergänze die Wörter. Wie heißt die Lösung?

1. Grüß Gott!

2. Wo wohnst d_?

3. Woher komms_ du?

4. Ich heiß_ Jonas.

5. Ich bi_ Miriam.

6. Ich spiele jetzt _ennis.

7. Ich komme _us Wien.

8. Ich ma_ Karate.

Lösung:

G __ __ __ __   __ __ __!

b Wortschlange – Lies und schreib den Text.

HALLOICHBINLUKASNEUBERTUNDWOHNEINWIENINÖSTERREICHICHKOMMEAUSITALIENAUSBOLZANOICHMAGBASKETBALLUNDSCHWIMMENUNDDU

Hallo, _____

_____

_____

_____

  c Mach deine Wortschlange. Tauscht in der Klasse.

Mach die Übungen. Kontrolliere im Schlüssel auf Seite 78 und kreuze an:

☺ das kann ich gut   😐 das kann ich einigermaßen   ☹ das muss ich noch üben.

1 Begrüßen/Verabschieden   Was sagst du?

Du sagst:

a) ● Hallo. Wie heißt du?   ■ _____

b) ● Tschüs. Bis später.   ■ _____

c) ● Guten Tag. Ich bin Franz Fischer.   ■ _____

☺ ☐
😐 ☐
☹ ☐

2 Fragen und Antworten   Was passt: a, b oder c?

1. Wie heißt du?
   - a Ich mag Radfahren.
   - b Fußball.
   - c Ich bin Julia.

3. Wo wohnst du?
   - a Aus Berlin.
   - b In Budapest.
   - c Super!

2. Woher kommen Sie?
   - a Aus Bern.
   - b In Deutschland.
   - c In Wien.

4. Was magst du?
   - a Ich bin Klaus.
   - b Fußball.
   - c Ich heiße Lea.

☺ ☐
😐 ☐
☹ ☐

3 Einen Text über mich schreiben   Ergänze den Text.

Ich h_____ _____ und w_____ _____ _____.

Ich m_____ _____ und _____.

Ich k_____ _____ _____.

☺ ☐
😐 ☐
☹ ☐

4 Buchstabieren   Hör zu und schreib die Namen.

14

1. _____   2. _____   3. _____

☺ ☐
😐 ☐
☹ ☐

5 Ein Formular ergänzen   Ergänze die Informationen.

Name	
Adresse	
Straße	
Wohnort	
Land	

☺ ☐
😐 ☐
☹ ☐

6 Sagen, was du magst

Was magst du?

Ich mag

_____ und

_____ .

☺ ☐
😐 ☐
☹ ☐

Seite 5

· Ich heiße …   . . . .

heißen   . . . .

Hi!   . . . .

· Ich bin …   . . . .

sein   . . . .

Seite 6

ja   . . . .

· Wie heißt du?   . . . .

wie   . . . .

· Woher kommst du?   . . . .

woher   . . . .

kommen   . . . .

aus   . . . .

· Ich komme aus …   . . . .

· Wo wohnst du?   . . . .

wohnen   . . . .

wo   . . . .

· Da vorne.   . . . .

Hier.   . . . .

· Wir essen jetzt.   . . . .

essen   . . . .

· Bis später.   . . . .

· in Deutschland   . . . .

in   . . . .

Deutschland   . . . .

· Ich wohne in …   . . . .

Seite 7

buchstabieren   . . . .

· Guten Tag, ich bin Frau Meier.   . . . .

· Wie bitte?   . . . .

· Wie schreibt man das?   . . . .

schreiben   . . . .

Seite 8

Herr (Lohbach)   . . . .

Danke!   . . . .

die Anmeldung   . . . .

der Vorname   . . . .

der Familienname   . . . .

die Adresse   . . . .

die Straße   . . . .

der Wohnort   . . . .

das Land   . . . .

· Wie geht's?

· Es geht so.   . . . .

· Gut, und dir/Ihnen?   . . . .

und   . . . .

Seite 9

· Was machst du jetzt?   . . . .

machen   . . . .

spielen   . . . .

mögen   . . . .

· Magst du Tennis?   . . . .

· Ich mag Tennis sehr.   . . . .

sehr   . . . .

Seite 10

Deutsch   . . . .

Musik   . . . .

Einige Hobbys

Fußball	Tennis	Basketball	Volleyball
Judo	Karate	Radfahren	Inliner fahren
Schwimmen	Surfen	Musik	Gitarre

Begrüßungen und Verabschiedungen

Guten Morgen.
Guten Tag.
Guten Abend.

Hallo.
Auf Wiedersehen.
Tschüs.

Auf Wiedersehen.

Tschüs.

1 Die Neue

15 **a** Hör zu und ergänze die Wörter.

● Hallo, ich b_____ Jana. Ich b_____ neu hier.

■ Hallo, ich h_____ André. Woher k_____ du?

● Ich k_____ aus Ecuador, aus Quito.

Aber jetzt w_____ ich in Heidelberg.

Was ist jetzt?

■ Mathe. M_____ du Mathe?

● Nein, ich m_____ Mathe nicht. Und du?

■ Mathe i_____ o.k. Ich mag Mathe.

b Was passt zusammen? Schreib Sätze. Nimm 1 Element aus A, B und C.

A		B		C	
I̶c̶h̶	Woher	m̶a̶g̶	kommst	S̶p̶o̶r̶t̶.	
Magst	Ich	komme	wohne	Mathe?	aus Kolumbien.
Ich		du		in Berlin.	du?

1. Ich mag Sport.

2. Magst ...

16 ## 2 Hören üben

a Was hörst du: [a] oder [b]? Kreuze an.

1. [a] Ich mag Deutsch. [b] Ich mache Deutsch.
2. [a] Magst du Sport? [b] Machst du Sport?
3. [a] Tina mag Bio. [b] Tina mag Bio nicht.
4. [a] Wohnst du in Basel? [b] Ich wohne in Basel.

17 **b** Minidiktat – Hör zu und schreib ins Heft.

Ich heiße ...

3 Schulfächer

a Ergänze die Dialoge. Hör zur Kontrolle.

18 Dialog 1

● Aron, magst du _____?

■ Ja, _____ ist super, ich m_____ auch Bio und Mathe.

● Das ist Aron. Er mag _____, Bio u_____ Mathe.

19 Dialog 2

● Emma, m_____ du Musik?

■ Nein, ich m_____ _____ n_____. Ich m_____ _____

● Das ist Emma. Sie mag _____ nicht. Sie mag _____.

4 Pause

20 **a** Hör zu und schreib den Dialog ins Heft.

Ach so! Hallo, Lars!
Hallo, Anika.
Dein Freund?
Ja, mein Schulfreund.
Hallo, Ingo. Das ist mein Freund Lars.

• *Hallo, Anika.*
■ ...

b Ergänze die Verben.

Infinitiv	spielen	wohnen	machen	heißen	mögen	sein
ich	spiel__	wohn__	mach__	heiß__	_____	bin
du	spiel__	wohn__	mach__	heiß__	mag__	b__
er/es/sie	spiel__	wohn__	mach__	heiß__	_____	i__
wir	spiel__	wohn__	mach__	heiß__	mög__	sind
ihr	spiel__	wohn__	mach__	heiß__	mög__	seid
sie/Sie	spiel__	wohn__	mach__	heiß__	mög__	sind

c Ergänze den Text mit Verben aus der Tabelle.

Ami und Gina

Meine Freundin Ami und ich _____
in Klasse 7.
Sie _____ Sport und Bio.
Ich _____ Mathe und Geschichte.
Wir _____ auch Musik.
Ami _____ gut Tennis.
Wir _____ oft zusammen.
Ami m_____t auch Karate und ich
m_____e Judo.

5 Meine Freunde

a Schreib Fragen für ein Interview.

– Name (wie?)   *Wie heißt du? Wie heißt sie?* _____
– Wohnort (wo?)   _____
– Herkunft (woher?) _____
– ☺ ☹ (mögen)   _____
– Aktivitäten (machen) _____

21 **b** Was ist richtig? Hör zu und kreuze an.

1. Roberto kommt aus
   [a] Italien.
   [b] München.

2. Er wohnt in
   [a] Mailand.
   [b] München.

3. Er mag
   [a] Bayern München.
   [b] AC Mailand.

4. Er spielt
   [a] Tennis.
   [b] Fußball.

5. Jonas spielt
   [a] Tennis und Basketball.
   [b] Fußball und Basketball.

6 Telefonnummern – Zahlentraining

a Markiere sie und notiere die Zahlwörter.

achtzehn _____

_____

_____

_____

_____

_____

_____

b Welche Zahlen fehlen? Schreib sie.

1. sieben < _____ < neun < _____ < elf < _____ < dreizehn < _____

2. _____ > sechs > _____ > _____ > drei > _____ > _____ > null

3. zwanzig > _____ > achtzehn > _____ > _____ > fünfzehn

22 **c** Hör zu und schreib die Telefonnummern.

1. _____   3. _____

2. _____   4. _____

d Schreib Informationen über einen Freund / eine Freundin. Schreib auch die Fragen.

Information		Fragen
	Vorname	*Wie heißt er?* _____
Bild hinzufügen	Name	_____?
Telefonnummer		_____?
Handynummer		_____?
		_____?

23 **e** Die Schule ist aus. Hör zu und ergänze den Dialog.

● Tschüs, Fabian, bis morgen!

■ Wie ist _*deine*_ Handynummer, Anja?

  ● _____. Und _____?

■ _____. Und _____ Adresse ist Martinstraße _____.

  ● Wie _____ man das?

■ M-a-r-t-i-n-s-t-r-a-ß-e _____.

  ● _____, tschüs, bis morgen.

7 Die Zahlen bis 1000

24 **Was hörst du? Notiere die Zahlen und lies laut.**

a) _____ b) _____ c) _____ d) _____

e) _____ f) _____ g) _____ h) _____

8 Zahlenspiele

25 **a Hör zu und ergänze immer die nächste Zahl. Sprich sie laut.**

a) | 21 | 22 | | | | | | |

b)

c)

d)

b Zahlenkette – Ergänze die nächsten zwei Zahlen.

a) fünf < zehn < *fünfzehn* < _____ < _____

b) einhundertzehn > neunzig > siebzig > _____ > _____

c) drei < neun < siebenundzwanzig < _____ < _____

d) sieben < vierzehn < achtundzwanzig < _____ < _____

c Schreib auch Zahlenreihen. Die anderen ergänzen.

9 Schulsachen

26 **Schreib die Wörter. Hör zur Kontrolle und lies laut.**

der

_____ _____ _____ _____

das

_____ _____ _____ _____

die

_____ _____ _____ _____

10 Der Wortakzent

27 **Hör zu und markiere den Wortakzent.**

der Kleber	der Taschenrechner	der Laptop	das Schreibheft
das Tablet	der Radiergummi	das Smartphone	das Lineal

die Vorwahl	die Telefonnummer	die Polizei	die Adresse
die Handynummer	die Hausnummer	die Feuerwehr	die Postleitzahl

11 Ist das ein Bleistift?

28 **a Was ist in Gabis Rucksack? Hör zu und kreuze an.**

 b Was ist in deinem Schulrucksack? Schreib auf.

_____

_____

_____

_____

12 Meine Freunde

a Schreibtraining – Lies den Tipp und ergänze die fehlenden Buchstaben und Satzzeichen.

b Schreib die Antworten ins Heft.
– Wie heißt dein Freund/deine Freundin?
– Woher kommt er/sie?
– Was mag er/sie?
– Was macht ihr zusammen?

Mein Tipp:
Nomen (Freund) und
Namen (Jana) schreibt
man groß.

Mein __reund __ndre
spielt __itarre__

Leseecke

Das Internet-Freunde-Puzzle – Ordne die Texte zu.

Wer ist mit wem befreundet? Alle haben zwei Freunde.

Noel   + _____   + _____

Nele   + _____   + _____

A   Noel, 12, Konstanz (Deutschland)

B   Kilian, 12, Zug (Schweiz)

C   Jakob, 13, Graz (Österreich)

D   Nele, 12, Kiel (Deutschland)

E   Pia, 13, Lugano (Schweiz)

F   Ida, 12, Linz (Österreich)

1

Ich mag Sport. Ich spiele aber nicht Basketball. Das macht mein Freund Kilian.
Ich habe eine Freundin. Sie wohnt nicht in Konstanz wie ich. Fußball spielt sie nicht gern, aber sie mag Musik.

2

In meinem Land mögen fast alle Skifahren, aber ich nicht. Ich habe einen Freund in Deutschland. Er spielt gern Tennis.
Meine Freundin ist 13.

3

Meine Freundinnen machen gerne Sport.
Die eine wohnt nicht in Österreich. Sie mag Mathe und Bio. Ich mag Bio auch, aber Mathe mag ich nicht. Die andere Freundin wohnt in Linz.

4

Ich bin 12 Jahre.
Ich habe einen Freund. Wir mögen beide Bio und wir machen beide gerne Sport.
Meine Freundin mag auch Sport, aber ihr Lieblingsfach ist Englisch.

5

Ich bin 13. Ich lerne Deutsch in der Schule. Wir sprechen Italienisch zu Hause.
Meine Freunde in Deutschland und der Schweiz mögen Sport.

6

Ich bin 12 Jahre alt.
Mein Freund macht auch Sport, aber er spielt nicht gern Tennis.
Mein Freund und meine Freundin mögen Bio. Ich lerne gerne Sprachen.

BINGO

29   **Schreib in die Tabelle neun Schulsachen. Hör zu und kreuze an.**

Hast du drei „Richtige" senkrecht ↕, waagerecht ↔ und/oder ⟋ diagonal? BINGO!

Mach die Übungen. Kontrolliere im Schlüssel auf Seite 78 und kreuze an:

☺ das kann ich gut   ☺ das kann ich einigermaßen   ☹ das muss ich noch üben.

30 **1** Sagen, was du magst / nicht magst   **Hör zu und schreib die Antworten.**

1. ● Magst du Mathe?

   ■ _____

2. ● Ich mag Fußball. Und du?

   ■ _____

3. ● Geschichte ist super!

   ■ _____

2 Fragen und Antworten   **Ordne zu.**

1. Spielt ihr heute Nachmittag Tennis?   _____   a) Es geht.

2. Magst du Mathe?   _____   b) Ja, aus Berlin.

3. Wie heißt deine Schule?   _____   c) „Spitzer", das ist ein Spitzer.

4. Kommt dein Freund aus Deutschland?   _____   d) Keine Ahnung.

5. Wie heißt das auf Deutsch?   _____   e) „Europaschule".

3 Fragen zu Personen   **Schreib die Fragen zu den Antworten.**

● _____

■ Meine Freundin heißt Anna.

● _____

■ Nein, ich mag Geschichte nicht. Ich mag Erdkunde.

● _____

■ 506 871 923. Und deine?

31 **4** Telefonnummern   **Hör zu und schreib die Telefonnummern.**

1. _____   2. _____   3. _____

5 Sachen benennen   **Wie heißt das auf Deutsch?**

1. _der_____   2. _____   3. _____   4. _____

5. _____   6. _____   7. _____   8. _____

Seite 13

die Klasse . . . .
· meine Klasse. . . . .
die Pause . . . .
· Jetzt ist Pause. . . . .

Seite 14

aber . . . .
· Was ist jetzt? . . . .
· Magst du Bio? . . . .
· Und du? . . . .
· auch gut . . . .
auch . . . .
· Nein, ich mag Bio nicht. . . . .
nein . . . .
nicht . . . .
langweilig . . . .

super . . . .
· Mathe ist super! . . . .
· Na ja, es geht. . . . .
· Ja, sehr. . . . .
· Wie heißt … auf Deutsch? . . . .
toll . . . .
blöd . . . .

Seite 15

die Freundin . . . .
· meine Freundin . . . .
der Freund . . . .
· mein Freund . . . .
spielen . . . .
viel . . . .
zusammen . . . .
nur . . . .
· Wir spielen . . . .
  viel zusammen. . . . .

der Nachmittag . . . .
· heute Nachmittag . . . .
Keine Ahnung. . . . .
gern . . . .

Seite 16

lernen . . . .
morgen . . . .
· Tschüs, bis morgen! . . . .
die Handynummer . . . .

Seite 17

die Postleitzahl . . . .
die Hausnummer . . . .

Seite 18

der Bleistift . . . .
der Kuli . . . .
das Smartphone . . . .
die Schere . . . .
der Radiergummi . . . .
der Kleber . . . .
das Buch . . . .
das Lineal . . . .
die Sporttasche . . . .
die Brille . . . .
der Taschenrechner . . . .
das Wörterbuch . . . .
das Tablet . . . .
der Laptop . . . .
der Computer . . . .
der USB-Stick . . . .
der Rucksack . . . .
der Schreibblock . . . .
die Brotdose . . . .
das Heft . . . .
die Uhr . . . .

Einige Schulfächer

Deutsch
Englisch
Französisch
Mathe/Mathematik
Physik
Biologie
Erdkunde/Geografie

Geschichte

Erdkunde

Kunst

1 Lieblingstiere

32 Hör zu. Ergänze die Artikel und markiere den Wortakzent.

die Kạtze ____ Schildkröte ____ Wellensittich ____ Känguruh ____ Kaninchen

2 Die Vokale a, e, i, o, u: lang _ oder kurz **.** ?

33 **a** Hör zu und sprich nach. Markiere den Vokal: lang _ oder kurz **·** .

| die Zahl | die Brille | Tennis | die Brotdose | der Rucksack |
| die Tasche | spielen | der Kleber | die Sporttasche | das Buch |

b Welche Wörter haben einen langen Vokal? Schreib die Wörter und lies sie laut.

die Zahl _____

3 Tiernamen und Kontinente

34 Hör zu und schreib das Wort. Markiere den Wortakzent. Ist der Vokal lang oder kurz?

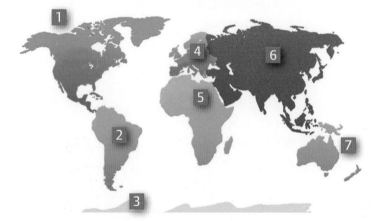

1. _Nordamerika_ _____
2. _S_ _____
3. _A_ _____
4. _E_ _____
5. _A_ _____
6. _A_ _____
7. _A_ _____

4 Haustiere

a Schreib die Dialoge ins Heft.

Dialog 1

● Hast du ein Haustier?

● Ich habe einen Hund.

● Racker.

■ Ja, ich habe einen Hamster. Und du?

■ Wie heißt er?

Dialog 2

● Ich habe eine Spinne.

● Hast du ein Haustier?

● Ja, sie heißt Piri.

■ Nein.Und du?

■ Was, eine Spinne? Cool!

b Ergänze *haben*.

● _____ du ein Haustier, Sabrina?

■ Nein, ich _____ kein Haustier. Und du, Leon?

● Ich _____ zwei Katzen.

> Sabrina _____ kein Haustier,
> Leon _____ zwei Katzen.

● _____ ihr ein Haustier, Tom und Pia?

■ Ja klar, wir _____ viele Haustiere: Spinnen, Mäuse und einen Tiger.

● Aber das sind doch keine Haustiere!

> Tom und Pia _____ keine Haustiere.

c Mach eine Tabelle. Was ist anders im Akkusativ? Markiere.

Artikel	Nomen		Nominativ	Akkusativ
der	Hund		Das ist ein Hund.	Ich habe einen Hund.
	Pferd			
	Katze			
	Kuli			
	Heft			
	Brille			

5 Hast du …? – Ein Suchspiel

Sieh die Bilder an und schreib.

Was hat Leon und hat Sophie nicht?   Leon hat *einen Radiergummi.* _____

_____

Was hat Sophie und hat Leon nicht?   Sophie hat *eine Brille.* _____

_____

Was haben Leon und Sophie beide?   Leon und Sophie haben _____

_____

6 Ja/Nein-Fragen

a Wiederholung: Verbformen – Ergänze den Dialog.

● Wie _heißt_ du?

■ Ich h_____ Rashid.

● H_____ du gerne Musik?

■ Ja, ich m_____ Hip-Hop und Funk.

● H_____ du auch Klassik?

■ Klassik? Was i_____ das?

● Frau Kahn, m_____ Sie auch Funk?

▶ Nein, ich h_____ nur klassische Musik.

● H_____ Sie einen MP3-Spieler?

▶ Ja, aber wir h_____ auch viele CDs.

b Wiederholung: Aussagesätze – Schreib die Sätze in die Tabelle.

	Verb		
heißt / er / Jens / .	Er		
wohnen / sie / in Basel / .		in Basel.	
komme / ich / aus Wien / .			
hat / sie / ein Handy / .			

c Ja/Nein-Fragen – Schreib die Fragen in die Tabelle.

	Verb		
heißt / du / Jens / ?	Heißt		
wohnst / du / in Basel / ?			in Basel?
kommen / Sie / aus Wien / ?			
haben / Sie / ein Haustier / ?			

♪ 35 **d** Satzmelodie – Hör die Ja/Nein-Fragen aus 6c und sprich nach.

Heißt du Jens? ↗

7 Interviews in der Klasse

a W-Fragen – Ergänze das Fragewort.

was – wer – wie – wie – wo – woher

_____ ist dein Lieblingstier?   _____ ist deine Spinne?

_____ alt ist deine Katze?   _____ hat einen Hund?

_____ kommt das Känguru?   _____ heißt dein Hund?

b Schreib die Ja/Nein-Fragen: Du-Form, Ihr-Form, Sie-Form.

1. heißen / Schulz
2. kommen / aus der Schweiz
3. sein / Schüler
4. lernen / Deutsch

> *Heißt du Schulz?*
>
> *Heißt ...?*
>
> *Heißen ...?*

8 Sophias Hund

a Fragen und Antworten – Ordne zu.

1. Hast du ein Lieblingstier?	____	a) Aus der Antarktis.
2. Hast du einen Hamster?	____	b) Er ist drei Jahre alt.
3. Hast du Haustiere?	____	c) Er spielt gern.
4. Ist deine Spinne groß?	____	d) In Afrika, Asien und Australien.
5. Mag dein Hund Katzen?	*1*	e) Ja, der Delphin ist mein Lieblingstier.
6. Mag deine Katze Salat?	____	f) Ja, ich mag sie sehr.
7. Magst du auch Pferde?	____	g) Ja, Pferde mag ich sehr.
8. Magst du Eisbären?	____	h) Mieze.
9. Was mag er gern?	____	i) Nein, aber er mag meine Vögel.
10. Wie alt ist er?	____	j) Nein, ich habe kein Haustier.
11. Wie groß ist dein Hund?	____	k) Nein, Katzen mögen keinen Salat.
12. Wie heißt dein Lieblingstier?	____	l) Nein, sie ist ganz klein.
13. Wie heißt dein Hamster?	____	m) Nicht groß. Er ist klein.
14. Wie heißt deine Katze?	____	n) Rex. Das ist mein Hund.
15. Woher kommt der Pinguin?	____	o) Tobias.
16. Wo wohnen Kamele?	____	p) Nein, aber eine Maus.

36–38   **b** Interviews – Hör zu und kreuze an.

1. Das Lieblingstier von Lea ist …

     a   b   c

2. Sebastian hat …

     a   b   c

3. Georgs Haustier ist ein …

     a   b   c

das Häschen

9 Viele Dinge

a Ergänze die Pluralformen.

das Heft, –e_____   der Taschenrechner, _____   die Brille, _____

der Bleistift, _____   der Laptop, _____   Sporttasche, _____

das Mäppchen, _____   der Kuli, _____   der Rucksack, _____

b Welche Wörter haben dieselbe Pluralendung?
Notiere und markiere.

die Hefte , die Bleistifte

10 Farben

a Schreib die Farben zu den Tieren.

1 *blau*_____   2 _____   3 _____   4 _____   5 _____   6 _____   7 _____

b Das ist alles falsch. Welche Farbe haben
die Tiere? Schreib wie im Beispiel.

1. Elefanten sind nicht blau. Sie sind grau.

11 Ein Tier beschreiben

Ergänze die Pronomen: *er, es, sie, sie*

1. Lisa hat einen Hund. _____ ist schwarz und weiß.

2. Lukas hat eine Katze. _____ mag Mäuse.

3. Ich habe drei Meerschweinchen. _____ mögen Karotten.

4. Magnus hat ein Pferd. _____ ist groß.

12 Tiere in Deutschland

Lies den Text und kreuze an: richtig oder falsch?

Zoos in Deutschland

In Deutschland gibt es fast 900 Zoos. Die Zoos in München, Hamburg und Berlin sind sehr groß. Sie haben ungefähr 15 000 Tiere. Die Tiere kommen aus Europa, Asien, Afrika und Nord- und Südamerika. Auch aus der Arktis und der Antarktis kommen Tiere in den Zoo, zum Beispiel die Eisbären in Berlin und die Pinguine in München.

Im Zoo in Duisburg leben die Delfine in einem Swimming-Pool mit drei Millionen Liter Wasser. Es gibt manchmal auch Delfin-Babys in Duisburg. Die Besucher mögen die Delfin-Babys sehr.

Der Zoo in Frankfurt ist über 150 Jahre alt, aber ist sehr modern. Das Affenhaus ist ganz neu und sehr schön. In Frankfurt gibt es viele Menschenaffen.

1. Im Zoo in München gibt es 900 Tiere.   richtig   falsch
2. Der Zoo in Berlin hat ungefähr 15 000 Tiere.   richtig   falsch
3. Die Zoos haben auch Tiere aus der Arktis.   richtig   falsch
4. Die Delfine leben in einem Swimmingpool.   richtig   falsch
5. Der Zoo in Frankfurt ist nicht modern.   richtig   falsch

Hörstudio

39 **a** Hör zu – Welche Reaktion passt? Kreuze an.

1. ☐a Mein Name ist Paul Paulsen.
   ☐b Blumenstraße 34.

2. ☐a Nein, Robert.
   ☐b Nein, in Basel.

3. ☐a Ja, ich spiele Tennis.
   ☐b Nein, ich habe eine Katze.

4. ☐a Ja, gerne.
   ☐b Ja, einen Hund.

5. ☐a Auf Wiedersehen.
   ☐b Danke, gut.

6. ☐a Ja, sehr.
   ☐b Ich mag Mathe sehr.

7. ☐a 13.
   ☐b Ja, bitte.

8. ☐a Ja, aber es ist schon alt.
   ☐b Ja, sie heißt Mieze.

9. ☐a 0176 8345600.
   ☐b 21.

10. ☐a Ich bin schon 14!
    ☐b Ich bin in Klasse 7.

40 **b** Zahlenbild – Du hörst Zahlen.
    Verbinde die Zahlen. Wie heißt das Tier?

```
          3   2   1   5   6   7
        4   8  12 13  9  10  11
      16   20 23    22  14  15  17  18
    19   21 29        27  30  33  34
      24 25   26 31      35  42  43
         36   44  32  41
    39 37   38       47   56  60  61
      40   45 46  48   59
           57  64   62 68
        51 53   49  66       58
                          76 73
      52 54   50 55 77  69
              83 63 65  78  67  70  91
        80                      100 101 102 103
      79  71   84  74    75   96
              72       99 112   97  92 93  94
      104                       86
    105 81   82   108  109     87 88 89 90 98
      106  107  95  111 110  85    114 113 115
```

Lösungswort:

Das ist ein K_____ .

Meine Ecke

Sieh dir die Tiere an und gib ihnen einen Fantasienamen auf Deutsch.
Vergleicht in der Klasse. Wer hat den originellsten Namen?

Mach die Übungen. Kontrolliere im Schlüssel auf Seite 78 und kreuze an:

🙂 das kann ich gut   🙂 das kann ich einigermaßen   🙁 das muss ich noch üben.

1 Über Tiere sprechen **Schreib die Antworten.**

1. Hast du ein Haustier? _____

2. Hast du eine Katze? _____

3. Was ist dein Lieblingstier? _____

4. Magst du Spinnen? _____

5. Mag dein Freund / deine Freundin Hunde? _____

2 Über Tiere sprechen   **Schreib die Fragen.**

1. _____ Ich habe einen Hund.

2. _____ Er heißt Cox.

3. _____ Er ist sechs Jahre alt.

4. _____ Mein Lieblingstier heißt Cox.

5. _____ Nein, ich mag keine Katzen.

3 Berichten   **Schreib im Heft über Siri.**

Siri: Klasse 7, 13 Jahre
Lieblingstier: Katze, mag Hunde und Mäuse
Katze: Mux, 3 Jahre, schwarz, sehr lieb
Hund: Tasso, 5 Jahre, braun, groß

Das ist Siri. Sie ...

4 Wie viele ... sind das?

A   B   C

Das sind _____ _____ _____

5 Einen Hörtext über Lieblingstiere verstehen   **Kreuze an:** [richtig] **oder** [falsch]?

1. Anke hat eine Katze.   [richtig]   [falsch]
2. Ankes Haustier heißt „Tiger".   [richtig]   [falsch]
3. Anke hat zwei Hunde.   [richtig]   [falsch]
4. Anke mag Tiger.   [richtig]   [falsch]

Seite 21

die Katze, -n . . . .

· Das ist meine Katze. . . . .

alt . . . .

· Meine Katze ist vier . . . .

  Jahre alt. . . . .

das Jahr, -e . . . .

der Hund, -e . . . .

Seite 22

das Lieblingstier, -e . . . .

· Das weiß ich nicht. . . . .

glauben . . . .

Seite 23

das Haustier, -e . . . .

kein, keine . . . .

der Vogel, "– . . . .

aber . . . .

Seite 25

das Land, "-er . . . .

die Stadt, "-e . . . .

das Alter . . . .

das Hobby, -s . . . .

von . . . .

· der Hund von Sophie . . . .

die Party, -s . . . .

Seite 26

oder . . . .

Seite 27

der Salat, -e . . . .

die Karotte, -n . . . .

· Er mag Karotten. . . . .

klein . . . .

groß . . . .

stark . . . .

süß . . . .

schnell . . . .

die Million, -en . . . .

fast . . . .

· fast 10 Millionen . . . .

über . . . .

· über 10 Millionen . . . .

leben . . . .

die Wohnung, -en . . . .

es gibt . . . .

viele . . . .

andere . . . .

z. B. (zum Beispiel) . . . .

usw. (und so weiter) . . . .

Kontinente

Afrika

Antarktis

Asien

Australien

Europa

Nordamerika

Südamerika

Farben

grau

schwarz

weiß

rot

grün

blau

gelb

braun

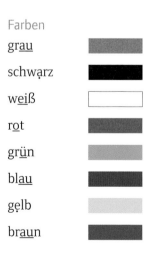

Hören und verstehen

42 **a** Wie ist Paulas Handynummer? Hör zu und kreuze an.

a ☐ 0175 735 882
b ☐ 0175 736 884
c ☐ 0175 735 842

43 **b** Anmeldung – Hör zu und ergänze die Informationen.

HEGAU-FAMILIENCAMPING AM BODENSEE	
Vorname	*S a b i n e*
Familienname	
Adresse	
Straße	*B a s e l e r S t r a s s e*
Postleitzahl (PLZ)	
Wohnort	*F R A N K F U R T A M M A I N*
Land	*D E U T S C H L A N D*

44 **c** Was mögen Daniel und Kira? Was mögen sie nicht? Kreuze an.

☺ Das mag Daniel. ☐ ☐ ☐
☹ Das mag Daniel nicht. ☐ ☐ ☐
☺ Das mag Kira. ☐ ☐ ☐
☹ Das mag Kira nicht. ☐ ☐ ☐

Phonetik

a Silbenrätsel – Such die neun Wörter.

bie | buch | Deutsch | dier | gei | gum | land | Lieb | lings | men | mi | ne | Ös | Pa

pa | per | Ra | reich | ren | sam | sta | su | Spin | ter | tier | zu

1. D__eutschland_____   4. s_____   7. b_____
2. Ö_____   5. R_____   8. z_____
3. S_____   6. P_____   9. L_____

45 **b** Hör die Wörter aus a. Markiere den Wortakzent: lang _ oder kurz ·.

Lesen, hören und verstehen

46 **a** Ergänze die Fragen. Hör zu Kontrolle.

Wie ist deine Handynummer?   Wie heißt du?   Spielst du Volleyball?   Und du?

Magst du Volleyball?   Woher kommst du?   Und deine?   Wo wohnst du?

Hast du auch einen Hund?   Ist das dein Hund?   Was machst du heute Nachmittag?

● *Wie heißt du?* _____

◼ Ich bin Vanessa. _____?

● Ich heiße Florian. _____?

◼ Aus Spanien und jetzt wohne ich in Österreich. _____?

● In Deutschland, _____?

◼ Ja, er heißt Don und ist heute zwei Jahre alt. _____?

● Nein, ich habe kein Haustier. _____?

◼ Nein, ich spiele Basketball und Tennis. _____?

● Ja, und ich mache auch Karate. _____?

◼ Keine Ahnung. _____?

● Meine Handynummer ist 0049 175 234 685 6 und zu Hause habe ich
   0049 351 680 456. _____?

◼ Handy 0043 699 140 090 02 und zu Hause 0043 512 583 042.

● Bist du auf Facebook?

◼ Ja klar.

b Vanessa und Florian – Ergänze den Text.

Vanessa _____ aus _____ und _____ jetzt

in _____. Sie hat _____ Hund, er _____ Don

und _____ _____ Jahre alt. Sie spielt _____ und

_____. Florian hat _____ Hund. Er _____ in

Deutschland, er _____ Volleyball und _____ Karate.

c Wo wohnen Vanessa und Florian?

Vanessa: 0043 512 583 042
Vorwahl
  Österreich: + dreiundvierzig
  Graz: dreihundertsechzehn
  Linz: siebzig
  Wien: eins
  Salzburg: sechshundertzweiundsechzig
  Innsbruck: fünfhundertzwölf

Sie wohnt in _____.

Florian: 0049 351 680 456
Vorwahl
  Deutschland: + neunundvierzig
  Berlin: dreißig
  Dresden: dreihunderteinundfünfzig
  Erfurt: dreihunderteinundsechzig
  Rostock: dreihunderteinundachtzig
  Halle: dreihundertfünfundvierzig

Er wohnt in _____.

d Vanessa und Florian – Beantworte die Fragen.

1. Woher kommt Vanessa?   *Sie kommt aus Spanien.* _____

2. Wohnt sie in Deutschland? _____

3. Hat sie ein Haustier?   _____

4. Was spielt sie?   _____

5. Wie alt ist Don?   _____

6. Hat Florian einen Hund?   _____

7. Wohnt er in Spanien?   _____

8. Was spielt er?   _____

9. Was macht er noch?   _____

10. Spielt er Volleyball?   _____

▶ Lesen und schreiben

a Lies Florians Nachricht und kreuze an.

Hallo, Vanessa! Wie geht's? Ich bin jetzt wieder zu Hause und höre gerade Musik: „Hinterland" von Casper. Magst du Casper? Das ist Hip-Hop und Pop. Der ist super. Er ist im Moment mein Lieblingssänger. Ich höre aber auch Rock und Funk UND ich mag die Beatles. Echt! Und du? Tschüs, Flori

1. Florian ist in Deutschland.   R   F
2. Er hört Casper.   R   F
3. Er hat keinen Lieblingssänger.   R   F
4. Er mag keine Rock-Musik.   R   F
5. Er hört gern die Beatles.   R   F

b Schreib Vanessas Antwort. Vergleicht in der Klasse.

Wortschatz trainieren

a Ein Klassenzimmer – Schreib die Wörter zu den Zahlen 1–14.

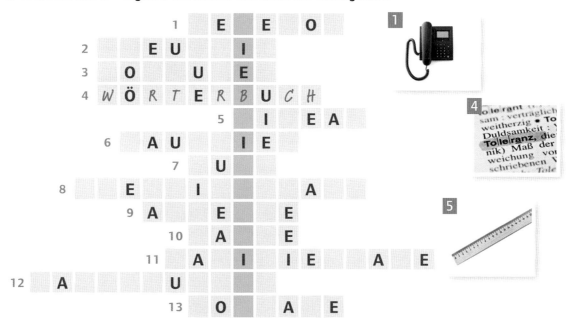

1. *das Heft*
2. _____
3. _____
4. _____
5. _____
6. _____
7. _____
8. _____
9. _____
10. _____
11. *die Schülerin*
12. _____
13. _____
14. _____

b Kreuzworträtsel – Ergänze das Rätsel. Wie heißt das Lösungswort?

1. E E O
2. E U I
3. O U E
4. W Ö R T E R B U C H
5. I E A
6. A U I E
7. U
8. E I A
9. A E E
10. A E
11. A I I E A E
12. A U
13. O A E

2 Rita ist meine … Wir machen viel zusammen.   **3** Ich spiele gern am C…
6 Ich habe ein … Eine Katze.   **7** Wau! Wau, wau!   **8** Mein … ist Bio. Ich mag Bio wirklich sehr.
9 Meine … ist Kantstraße 12 in 68535 Edingen.   **10** Nr. 7 mag sie nicht.
11 ● Wie ist Ihr …? ■ Strauß.   **12** ● Wie ist Ihre Telefonnummer, Herr Strozek? ■ Ich habe nur
Handy. Meine … ist 0172 5642345.   **13** ● Und wie ist Ihr …, Herr Strauß? ■ Ich heiße Klaus.

Lösungswort (senkrecht ↓): Mein … ist der Pinguin.

1 Timo, aufstehen!

47 a Ergänze den Dialog. Hör zur Kontrolle.

● Timo, a_____n!

■ Ich b_____ so m_____e. Wie v_____ U_____ ist es?

● _____ ist schon h_____ sieben.

A_____!

■ H_____ sieben? Ich habe am

M_____ um h_____ neun Schule.

● Timo, heute ist Do_____,

nicht M_____!

■ Was? Ich b_____ zu s_____. Ich habe heute um

V_____ vor acht Schule.

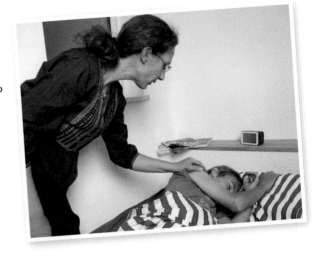

48 b Ordne den Dialog. Hör zur Kontrolle.

● Am Mittwoch hast du immer um Viertel vor acht
Schule.

● Es ist Viertel nach sechs.

● Guten Morgen, Kira.

■ Guten Morgen, Mama. Wie viel Uhr ist es?

■ Ja, aber heute haben wir kein Mathe.

■ Viertel nach sechs? Ich habe heute erst um Viertel
nach neun Schule.

● *Guten Morgen, Kira.*

■ *...*

2 Wie viel Uhr ist es?

a Notiere die Uhrzeiten.

1	2	3	4

*Es ist Viertel nach
acht.*   *Es ist halb ...*   _____   _____

 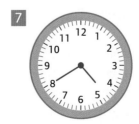

5	6	7	8

_____   _____   _____   _____

49–52 **b** Hör zu und notiere die Uhrzeiten.

1. [a] `16:45` [b] `17:05`   3. [a] `12:15` [b] `12:05`

2. [a] `08:00` [b] `18:00`   4. [a] `19:00` [b] `18:50`

53 **c** Hören üben – Was hörst du: [a] oder [b]? Kreuze an.

1. [a] Es ist zwei Uhr.   [b] Es ist drei Uhr.
2. [a] Wir haben um Viertel nach acht Schule.   [b] Wir haben um Viertel vor acht Schule.
3. [a] Ist es schon halb neun?   [b] Es ist schon halb neun.
4. [a] Heute ist Dienstag.   [b] Heute ist Donnerstag.
5. [a] Ich habe heute eine AG.   [b] Ich habe heute keine AG.

3 Timos Schultag

a Wiederholung – Rechenaufgaben: Schreib das Ergebnis als Wort.

a) 30 − 23   b) 3 · 4   c) 34 : 2   d) 110 : 5   e) 9 · 9

sieben

f) 211 − 111   g) 12 · 6   h) 130 : 2   i) 345 − 249   j) 187 : 17

54 **b** Offizielle Uhrzeiten – Welche Uhrzeit hörst du: [a] oder [b]?
Hör zu und kreuze an.

1. [a] 6:30 [b] 16:30   5. [a] 20:25 [b] 20:52
2. [a] 13:35 [b] 3:35   6. [a] 22:23 [b] 22:22
3. [a] 0:45 [b] 0:54   7. [a] 23:34 [b] 23:43
4. [a] 9:50 [b] 19:50   8. [a] 00:17 [b] 00:07

c Lies Timos Profil im Lehrbuch und die Sätze 1–7.
Was steht im Text? Kreuze an: [R] richtig oder [F] falsch.

1. Timo mag Radfahren.   [R] [F]
2. Timo hat viele Freunde im Internet.   [R] [F]
3. Timo hat zwei Brüder.   [R] [F]
4. Timo telefoniert gerne.   [R] [F]
5. Timo hat fünf Stunden Schule.   [R] [F]
6. Timo hat vormittags und nachmittags Schule.   [R] [F]
7. Timo kommt gegen 18 Uhr nach Hause.   [R] [F]

d Schreib über Timo. Die Fragen helfen.

1. Wie alt ist Timo?
2. Wie viele Tage pro Woche hat er Schule?
3. Wann geht er morgens aus dem Haus?
4. Wann ist die Schule nachmittags zu Ende?
5. Wann kommt er nachmittags nach Hause?

Timo ist dreizehn Jahre alt.
Er hat ...

4 Dein Schultag

a Schreib die Sätze in die Tabelle.

1. Wann beginnt dein Unterricht?
2. Mein Unterricht beginnt um acht.
3. Um wie viel Uhr ist dein Unterricht zu Ende?
4. Mein Unterricht ist um 16 Uhr zu Ende.
5. Wann bist du zu Hause?
6. Um Viertel vor fünf bin ich zu Hause.

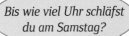

Bis wie viel Uhr schläfst du am Samstag?

Ich schlafe bis 11 Uhr. Ich schlafe 12 Stunden, von freitags 11 bis samstags 11.

Position 2: Verb		
1. Wann	beginnt	dein Unterricht?
2. Mein		
3.		
4.		
5.		
6.		

b Fragebogen – Beantworte die Fragen.

Wie heißt du? _____

Wie alt bist du? _____

Wie heißt deine Schule? _____

Bist du in Klasse 7? _____

Wie viele Tage hast du Schule? _____

Wie viele Stunden hast du Schule? _____

Wann beginnt der Unterricht? _____

Von wann bis wann hast du Unterricht? _____

Wann ist die Schule zu Ende? _____

Wann bist du wieder zu Hause? _____

c Mein Wochenende – Schreib über dich. Die Fragen helfen.

1. Was machst du am Vormittag, am Nachmittag und am Abend?
2. Machst du Sport?
3. Machen deine Freunde auch Sport?

5 Timos Stundenplan

a Schreib die Schulfächer zu den Bildern.

_____

_____

_____

_____

_____

_____

_____

_____

_____

b Schau in Timos Stundenplan im Lehrbuch (5a). Notiere die Wochentage zu 1–6.

1. Französisch _Dienstag, Mittwoch, Freitag_

2. Kunst _____

3. Deutsch _____

4. Mathematik _____

5. AGs _____

6. keine Schule _____

c Timo und du – Schreib die Sätze.

1. Timo / haben / drei Stunden Deutsch / pro Woche – Ich habe ...

Timo hat pro Woche drei Stunden Deutsch. – Ich habe pro Woche ...

2. Timo / am Dienstag, am Donnerstag und am Freitag / haben / Mathematik – Ich ...

_____

3. Timo / am Montag / haben / neun Stunden Unterricht – Ich ...

_____

4. Timo / am Mittwoch / sein / von 8 Uhr 30 bis 14 Uhr 30 / in der Schule – Ich ...

_____

5. Timo / am Samstag / gehen / nicht in die Schule – Ich ... (auch nicht)

_____

6 Eure Schultage – eure Lieblingsfächer

♪ **a Phonetik: lange und kurze Vokale – Hör zu und markiere die betonten Vokale.**

55–56 1. Bio – Biologie – Mathe – Musik – Kunst – Sport – Deutsch

2. das Lieblingsfach – die Hausaufgaben – der Stundenplan – das Wochenende – die Förderstunde

57–58 **b Du hörst zwei Nachrichten am Telefon. Lies zuerst die Aufgaben 1 und 2 und hör dann die Nachricht 1. Markiere dann die Lösung. Arbeite genauso mit Aufgabe 3 und 4.**

Nachricht 1

1. Timo hat ein Problem
   - a mit den Deutschhausaufgaben.
   - b mit Mathe.
   - c mit Frau Deutz.

2. Er ruft wieder an.
   - a Um 18 Uhr.
   - b Morgen um 8.
   - c Um 7 Uhr abends.

Nachricht 2

3. Was macht Leni?
   - a Sie spielt Basketball.
   - b Sie lernt Bio.
   - c Sie übt Gitarre.

4. Wann kommt sie nach Hause?
   - a Gegen 19 Uhr.
   - b Morgen um 9.
   - c Sofort.

7 Präsentation

Ergänze den Text.

Bülbül

Hallo, mein Name ist Hasret Özöglü. Ich wohne in der Türkei, in Ankara.

Ich bin 12 Ja_____ alt. Ich ha_____ von Montag b_____ Freitag Schule.

Me_____ Wecker klingelt u___ 6 Uhr. Um 7 Uhr 15 ko_____ der Schulbus.

Me_____ Schule beginnt je_____ Tag u___ 8 Uhr und i_____ um 16 Uhr

zu En_____. Ge_____ 17 Uhr b_____ ich zu Ha_____. Dann lerne i_____

noch eine Stu_____ und dann ha_____ ich frei. Meine Lieblin_____

sind Deutsch u_____ Mathe. Englisch m_____ ich nicht so se_____. Ich höre ge_____ Musik. Am

Woche_____ mache ich ni_____ viel. Da klin_____ mein Wecker mor_____

NICHT! Ach so, am Sam_____ und am Sonn_____ habe ich Ze_____ für Bülbül.

8 Müde – Mein Tag

59 **Hausaufgaben-Rap – Hör zu und ergänze die Reimwörter.**

chillen – geh'n – haben – zurück

Der Morgen graut, der Wecker klingelt laut - aufsteh'n!

Hefte und Bücher, Duschen und Tee - aus dem Haus _____!

Mathe, Bio, Deutsch, Englisch und Musik - dann nach Haus' _____.

Und dann Hausaufgaben, jetzt auch noch Hausaufgaben,

immer Hausaufgaben, das ist was wir vom Leben _____ .

Ich bin müde ich will _____ .

Keine Lust auf Grammatik oder Rechnen im Stillen.

Hier kannst du das Lied hören: *www.cornelsen.de/prima-plus/lernen*

Leseecke

A

Die Chinesisch-AG

Nächste Woche
beginnt wieder die
Chinesisch-AG A1.
Tag: Mittwoch
Uhrzeit: 17:30 bis 19 Uhr
Ort: Raum C25
Kontakt: Ernst Baar
Tel.: 0177 7970790

欢迎

B

Schüler-Kino

Die Film-AG zeigt in diesem Schuljahr wieder
6 Filme.
Wir beginnen am Montag mit
„Das Leben der anderen"
Ort: Aula
Beginn: 18 Uhr 30
Frau Deutz gibt Informa-
tionen zum Film.

C

Neue Termine der Judo-AG
Gruppe 1 (10–14 Jahre)
Donnerstags von 18 Uhr bis
19 Uhr 30
Gruppe 2 (ab 15 Jahren)
Freitags von 19 Uhr bis 21 Uhr
Anmeldung:
01660-13478763

D

Wer möchte einen Hamster?
Der Hamster heißt Rudi und ist
5 Monate alt.
Er ist total süß.
Aber meine Katze Carla
mag keine Hamster.
Interesse?
Bine, Klasse 6b
01733-623746

E

Poetry-Slam-Rap-AG
1. Treffen am Samstag um 11 Uhr
in Raum 33B
Kontakt:
Frau Schmaus
(01547-568342368)
oder Frau Beem
(01326-7193745)

Lies die Anzeigen. Was passt zusammen?

1. Bine
2. Raum 33B
3. Frau Deutz
4. Judo-AG
5. Ernst Baar
6. Raum C25

a) 177 7970790
b) „Das Leben der anderen"
c) donnerstags und freitags
d) Hamster
e) Poetry-Slam
f) Chinesisch-AG

Meine Ecke

Übungen selbst machen – Mach ein Wörterrätsel mit Wörtern aus Einheit 1 bis 4. Tauscht in der Klasse.

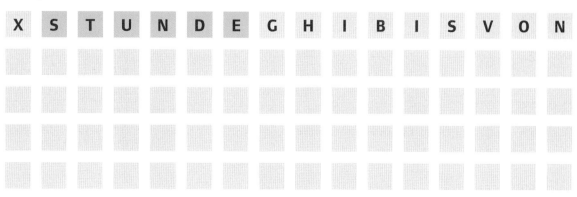

| X | S | T | U | N | D | E | G | H | I | B | I | S | V | O | N |

Mach die Übungen. Kontrolliere im Schlüssel auf Seite 78 und kreuze an:

☺ das kann ich gut   ☺ das kann ich einigermaßen   ☹ das muss ich noch üben.

1 Uhrzeiten erfragen und sagen   **Ergänze.**

● Wie v_____ U_____ ist e___ ?

■ Es _____ .

● W_____ beginnt dein Unterricht?

■ U__ 8 _____ .

2 Uhr und Stunde   **Ergänze.**

● Wie v_____ U_____ ist es ?

■ Kurz nach 10.

● Hast du eine _____?

■ Nein, aber ein Smartphone. Es ist 10 _____ 9.

● Wie viele _____ Deutsch hast du pro Woche?

■ Drei.

Stunde	Uhrzeit	Montag	Dienstag	Mittwoc
1	7.45	Förderstunde	Yoga-AG	
2	8.30	Kunst	Französisch	
3	9.15			Französ
Pause	10.00			Geschic
4	10.20	Deutsch	Mathematik	Englisch
5	11.05		Naturwissenschaft	Musik

3 Wörter zum Thema „Zeit"

Schreib die Wochentage und Tageszeiten.

Wochentage

der Montag _____

montags _____

Tageszeiten

der Morgen, der Vormittag ... _____

morgens _____

4 Zeitangaben machen   **Schreib die Sätze.**

1. wir / einen Mathetest / morgen / schreiben

Morgen _____

2. von Montag bis Freitag / ich / habe / Schule

_____

3. am Wochenende / ich / keine Schule / habe

_____

4. beginnt / um 8 Uhr / der Unterricht

_____

Seite 35

der Wecker, – . . . .
klingeln . . . .
die Mittagspause, -n . . . .
· Mittagspause haben . . . .
· zur Schule fahren . . . .
die Hausaufgabe, -n . . . .
· Hausaufgaben machen . . . .
der Unterricht . . . .
· Unterricht haben . . . .
die Freizeit, – . . . .
· Freizeit haben . . . .

Seite 36

aufstehen . . . .
· Es ist schon halb sieben. . . . .
schon . . . .
müde . . . .
· Wie viel Uhr ist es? . . . .
erst . . . .
· So ein Mist! . . . .
zu spät . . . .
· Ich bin viel zu spät. . . . .
zu Hause sein . . . .

Seite 38

die Familie, -n . . . .
der Bruder, "– . . . .
die Schwester, -n . . . .
die Stunde, -n . . . .
der Tag, -e . . . .
der Morgen . . . .
am Morgen . . . .
der Vormittag, -e . . . .

der Nachmittag, -e . . . .
morgens, vormittags, ...
die Unterrichtsstunde, -n . . . .
beginnen . . . .
das Ende . . . .
· zu Ende sein . . . .
(von) ... bis . . . .
gegen . . . .
· aus dem Haus gehen . . . .
fleißig . . . .
· Du Armer! . . . .
befreundet . . . .
die Minute, -n . . . .
wann . . . .
wie viele . . . .

Seite 39

· frei haben . . . .
der Sport . . . .

Seite 40

das Lieblingsfach,
die Lieblingsfächer . . . .
toll . . . .
· nicht so toll . . . .
Wie lange? . . . .
interessant . . . .
das Wochenende, -n . . . .
· Zeit haben . . . .

Seite 41

bleiben . . . .
· zu Hause bleiben . . . .
Mama . . . .
Papa . . . .

Die Uhrzeit

12 Uhr
5 vor 1   5 nach 12
10 vor 1   10 nach 12
Viertel vor 1   Viertel nach 12
20 vor 1   20 nach 12
5 nach halb 1   5 vor halb 1
halb 1

Wie spät ist es?

Die Woche

der Montag, -e   der Dienstag, -e
der Mittwoch, -e   der Donnerstag, -e
der Freitag, -e   der Samstag, -e
der Sonntag, -e

montags, dienstags, mittwochs ...

Einige Schulfächer in Deutschland

Kunst	Deutsch	Sport	Französisch
Physik	Erdkunde	Englisch	Geschichte
Ethik	Religion	Naturwissenschaft	
Mathematik/Mathe			

1 Freizeitaktivitäten

a Was passt? Schreib die Nomen zu den Verben. Es gibt mehrere Möglichkeiten.

Sport – ~~Flöte~~ – Fahrrad – Musik – Ski –
Computerspiele – Basketball – Tennis –
Skateboard – Karten – Karate – Radio

Flöte, _____ hören

_____ fahren

_____ spielen

_____ machen

60 **b** Markiere in 1a die Wortakzente. Hör dann zu und sprich nach.

61–63 **c** Hör zu und kreuze an. Was ist richtig?

1. Julia: Mein Hobby ist …

 a Schwimmen.　　 b Reiten.　　 c Laufen.

2. Lukas: Mein Hobby ist …

 a Fahrrad fahren.　　 b Musik hören　　 c Musik machen.

3. Marie: Mein Hobby ist …

 a Karten spielen.　　 b Freunde treffen.　　 c shoppen gehen.

2 Hast du ein Hobby?

a Wiederholung: regelmäßige Verben, *sein* und *mögen*. Ergänze die Verben.

regelmäßige Verben

● Wann _____ (hören) du gerne Musik?

■ Ich _____ (hören) morgens, mittags, nachmittags und abends Musik. Meine Freundinnen

_____ (hören) auch immer Musik und Kathy _____ (machen) auch Musik,

sie _____ (singen) in einer Band. _____ (machen) ihr auch Musik?

● Ja, wir _____ (spielen) Gitarre.

sein

● Die Band „Saftladen" _____ fantastisch. Die Sängerinnen _____ toll. Ich _____

ein Fan von Tika. _____ ihr auch Fans?

■ Ich _____ der Gitarrist und Paul _____ der Schlagzeuger. Wir _____ schon

lange in der Band.

mögen

1. ● Frau Möller, _____ Sie Fußball?　　■ Ja, ich _____ Fußball.

2. ● Melize, _____ du auch Fußball?　　■ Na ja, es geht. Ich _____ Volleyball.

3. ● Kai und Sabbi, _____ ihr Fußball?　　■ Ja, klar. Wir _____ Fußball sehr.

4. Frau Möller, Kai und Sabbi _____ Fußball, Melize _____ Fußball nicht so gerne.

b Verben mit Vokalwechsel – Ergänze die Tabelle und markiere den Vokalwechsel.

	fahren	sehen	lesen	sprechen	treffen
ich					
du	fährst				
er/es/sie			liest		
wir					
ihr					
sie/Sie					

c Ergänze die Verben.

1. ● _____ Sascha gerne Action-Filme?

   ■ Ja, er _____ immer am Wochenende Action-Filme. (sehen)

2. ● _____ ihr gerne Comics?　　■ Ja, wir _____ gerne Comics. (lesen)

3. ● _____ du Krimis?　　■ Nein, ich _____ keine Bücher. (lesen)

4. ● Marie _____ Skateboard,　　■ Nein, ich _____ nicht Skateboard.
   _____ du auch Skateboard?　　(fahren)

5. ● _____ du deine　　■ Nicht so oft, ich _____ meine Freunde nur
   Freunde oft?　　am Wochenende. (treffen)

6. ● Meine Freundin _____　　■ Cool, ich _____ nur zwei Sprachen.
   fünf Sprachen.　　Und du? (sprechen)

d Schreib Sätze mit verschiedenen Verben (*gehen*, *hören* …) und *gerne* wie im Beispiel.

1. ~~Ich mag Kino.~~
2. Ich mag Musik.
3. Ich mag Sport.
4. Ich mag Fernsehen.
5. Ich mag Radfahren.
6. Ich mag Tennis.

> 1. Ich gehe gerne ins Kino.
>
> 2. Ich höre …

3 Am Wochenende

a Ordne den Dialog.

● Hallo, Tobi.

● Ja, gerne, wann fängt der Film an?

● Prima. Bis Samstag! Tschüs.

● Ich spiele Fußball. Das Spiel fängt um 15 Uhr an.

■ Hi, Sabrina, was machst du am Samstag?

■ Immer Fußball! Ich gehe abends ins Kino, kommst du mit?

■ Tschüs.

■ Um sechs. Ich hole dich ab, o.k.?

> Hallo, Tobi.

b Schreib die Sätze in eine Tabelle im Heft.

1. Lea – um halb sieben – aufstehen
2. Eva – heute Abend – fernsehen
3. der Film – anfangen – um 18 Uhr
4. ich – heute Abend – mitkommen
5. ich – dich – abholen – um halb sechs
6. Lukas – am Wochenende – ins Kino gehen

		Position 2: Verb		Ende
1. a)	Lea	steht	um halb sieben	auf.
b)	Um halb sieben	steht	Lea	auf.
2. a)	Eva			
b)	...			

4 Hören üben

64 **a** Was hörst du? Kreuze an.

1. a Ich sehe abends gerne fern.   b Ich sehe morgens gerne fern.
2. a Er holt sie um acht Uhr ab.   b Er holt sie um achtzehn Uhr ab.
3. a Sie hört nicht gern Musik.   b Sie hört sehr gern Musik.
4. a Der Film fängt um halb acht an.   b Der Film fängt um acht an.
5. a Kommen Sie mit?   b Sie kommen mit.

65 **b** Welches Wort fehlt? Hör die Sätze und ordne die Silben zu.

ab – ~~mit~~ – fern – an – auf

1. mit_____   2. _____   3. _____   4. _____   5. _____

66–67 **c** Diktat. Hör zu und schreib ins Heft. Hör dann noch einmal und kontrolliere.

5 Verabredungen

68 Ergänze den Dialog. Hör zur Kontrolle.

● Hi, Anna, ich _____ heute ins Kino.
_____ du _____?

■ Ins Kino? Ja, gerne.

● Prima, ich _____ dich _____.

■ Wann _____ du?

● Um Viertel vor acht, okay?

■ Ja, okay, ich _____ um Viertel vor acht. Tschüs.

6 Phonetik: ö

69 **a** Hör zu und markiere. Ist das ö lang oder kurz?

hören – Köln – Österreich – mögen – die Flöte –
Jörg Möllner – Französisch – schön

b Hör noch einmal und sprich nach.

schön!

7 Kathy und Robert

70–71 **a** Ergänze die Texte. Hör zur Kontrolle.

Text 1

Ich heiße Kathy. Ich bin 14 Jahre a_____. Ich mache ni_____

gerne Sport, me_____ Hobby ist Mu_____ hören.

Ich m_____ Lady Gaga. Ich ta_____ auch gerne.

Am Wo_____ gehe ich ge_____ ins

K_____. Sandra ist meine Fr_____. Wir mögen

Fi_____ mit Emma Watson.

Text 2

Mein Name ist Robert, ich bin 13. Mein Hobby i_____ Sport,

Sport, Sport. Nachmittags treffe ich mei_____ Freunde und

dann sp_____ wir Fußball. Wir ge_____ auch gerne

schw_____ oder fahren Fa_____. Abends

sehe i_____ gerne fern, z.B. Sport: Fußball oder Tennis.

b Was ist dein Hobby? Was machst du gerne? Schreib einen Text.

8 Freizeit ohne Medien

Schreib Fragen für das Interview wie im Beispiel.

1. Freunde treffen / gerne
2. zu Sportveranstaltungen gehen / gerne
3. etwas mit der Familie machen / oft
4. fernsehen / oft
5. Musik machen / gerne
6. einkaufen gehen / oft
7. malen / gerne
8. Sport machen / gerne
9. basteln / gerne
10. zu Partys gehen / oft

Triffst du gerne Freunde?

9 Was kannst du gut?

Ergänze die Dialoge mit den passenden Formen von *können*.

Dialog 1

● _____ du Spanisch?

■ Nein, Spanisch _____ ich nicht, aber ich _____ Englisch.

Dialog 2

● _____ ihr jonglieren?

■ Ja, wir _____ gut jonglieren.

Dialog 3

● Anna und Lena, _____ ihr gut kochen?

■ Ja, wir _____ super kochen.

Dialog 4

● Frau Winter, _____ Sie Einrad fahren?

■ Nein, das _____ ich nicht, aber ich probier es mal.

● Ja super, Sie _____ es … doch nicht.

10 Fragespiel

a Korrigiere den Text. Ergänze die Schlusspunkte und schreib die Satzanfänge groß.

M
~~m~~eine Freundin heißt Carla sie ist 13 Jahre alt und auch in Klasse 7 sie malt und bastelt gerne sie

kann toll Pferde malen aber sie macht nicht so gerne Sport sie kann nicht gut Basketball, Volleyball

und Handball spielen

b Schreib 3–4 Sätze über deinen Freund / deine Freundin.

Sie/Er heißt … Er/Sie … gerne … Er/Sie kann gut … und …, aber er/sie kann nicht …

11 Kann ich mitspielen?

72   **a** Schreib den Dialog im Heft. Hör zur Kontrolle.

- ● Ja, klar.
- ● Cool, kann ich mitspielen?
- ● Was spielst du?
- ■ FIFA.
- ■ Kannst du FIFA spielen?
- ■ O.k.

b Um Erlaubnis fragen – Schreib die Fragen zu den Bildern und erfinde Antworten.

ins Kino gehen – zur Toilette gehen – den Radiergummi haben – das Fahrrad fahren – mitspielen – fernsehen

A
● *Kann ich bitte zur*
Toilette gehen?
▲ …

D

B

E

C

F

Hörstudio

73–76 **a** Welches Foto passt? – Hör die Texte und schreib die Namen zu den Fotos.

Jens _____ _____ _____

A   B   C   D

b Hör noch einmal und kreuze an. Richtig oder falsch?

1. Leon mag Sport. ⬜R ⬜F
2. Er geht mit seinem Team zu Wettkämpfen. ⬜R ⬜F
3. Sie gewinnen nicht so oft. ⬜R ⬜F
4. Emma mag Musik. ⬜R ⬜F
5. Sie ist nicht gerne am Computer. ⬜R ⬜F
6. Sie hat leider keine Freundin. ⬜R ⬜F

7. Jolanta macht oft Sport. ⬜R ⬜F
8. Sie macht mit vier Freunden Musik. ⬜R ⬜F
9. Sie spielt Schlagzeug und E-Gitarre. ⬜R ⬜F
10. Jens ist ein Flugzeug-Fan. ⬜R ⬜F
11. Er spielt Computerspiele im Internet. ⬜R ⬜F
12. Er bastelt gerne Modellflugzeuge. ⬜R ⬜F

c Deutsch klingt unterschiedlich. Lies 1–4 und hör Leon, Emma, Jolanta und Jens noch einmal. Wen kannst du am besten verstehen?

1. Ich heiße Leon und bin 14 Jahre alt. Ich komme aus Assenheim, das ist in der Nähe von Frankfurt.

2. Ich heiße Emma und bin 14 Jahre alt. Ich komme aus Wien.

3. Ich heiße Jolanta und bin 15 Jahre alt. Ich komme aus der Schweiz, aus Zürich.

4. Ich heiße Jens und bin 13 Jahre alt. Ich komme aus Stade, das ist in Norddeutschland.

Meine Ecke – Satzpuzzle

a Aus diesen Wörtern kannst du mindestens drei Sätze machen. Es gibt mehrere Lösungen.

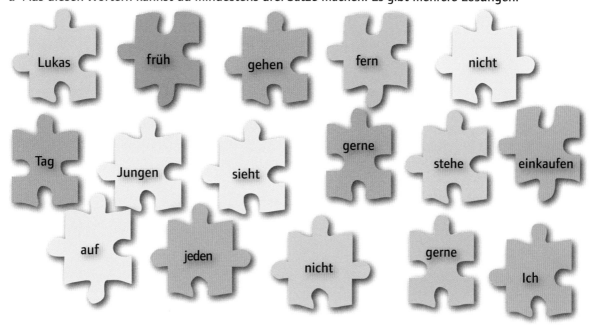

Lukas   früh   gehen   fern   nicht
Tag   Jungen   sieht   gerne   stehe   einkaufen
auf   jeden   nicht   gerne   Ich

b Mach selbst ein Satzpuzzle. Tauscht in der Klasse.

Mach die Übungen. Kontrolliere im Schlüssel auf Seite 79 und kreuze an:

☺ das kann ich gut   ☺ das kann ich einigermaßen   ☹ das muss ich noch üben.

1 Verabredungen machen   Was passt zusammen?

1. Was machst du am Wochenende?   _____ a) Nein, aber ich schwimme gern.
2. Gehst du gerne ins Kino?   _____ b) Nein, ich habe keine Zeit.
3. Ich gehe heute ins Kino, kommst du mit? _____ c) Ja, natürlich, du nicht?
4. Ich gehe spiele gern Volleyball. Und du? _____ d) Bis 3 habe ich Schule, dann habe ich Zeit.
5. Was machst du am Dienstag?   _____ e) Ja, gerne, ich komme um 8.
6. Kannst du mich abholen?   _____ f) Keine Ahnung.

77 **2** Was kannst du gut / nicht so gut?   Hör die Fragen und schreib deine Antworten.

1. _____   3. _____

2. _____   4. _____

3 Sagen, was man gerne macht.   Was macht Eva (nicht) gerne – Und du?

☺ Skateboard fahren, fernsehen, Musik hören
☹ Hausaufgaben machen, früh aufstehen, schwimmen

☺ _Eva_ _____

_____

☹ _____

Und du? _____

4 Freizeitaktivitäten   Wie heißt das auf Deutsch?

1		2		3	
	_____		_____		_____

4		6		6	
	_____		_____		_____

7		8		9	
	_____		_____		_____

Seite 43

das Hobby, -s ....

· Mein Hobby ist ... .

gerne ....

basteln ....

die Band, -s ....

Seite 44

hören ....

treffen, trifft ....

chatten ....

malen ....

fernsehen, sieht ... fern ....

schwimmen ....

tanzen ....

singen ....

reiten ....

· Ich glaube, das ist ... .

Seite 45

viele ....

kochen ....

· im Internet surfen ....

oft ....

die Fremdsprache, -n ....

sprechen, spricht ....

sehen ....

der Film, -e ....

lesen, liest ....

lieben ....

besonders ....

Seite 46

· schwimmen gehen ....

mitkommen, kommt ... mit ....

· Kommst du mit? ....

· Ich habe (keine) Zeit. ....

die Zeit, -en

· Schade. ....

· Vielleicht ein anderes ....
  Mal.

vielleicht ....

· Ja, am Sonntag geht es. ....

es geht ....

abholen, holt ... ab ....

· Ich hole dich um ....
  5 Uhr ab. ....

anfangen, fängt ... an ....

· Der Film fängt um 6 Uhr an. ....

aufstehen, steht ... auf ....

Seite 47

einkaufen, kauft ... ein ....

· ins Kino gehen ....

· Ich weiß noch nicht. ....

· Ich habe keine Lust. ....

· Prima! ....

pro ....

das Mädchen, – ....

der Junge, -n ....

Seite 48

können, kannst ....

Seite 49

wer ....

mitspielen, spielt ... mit ....

· Spielst du mit? ....

· Das macht nichts.

Einige Hobbys

Volleyball spielen

Computer spielen

Flöte spielen

Ski fahren

malen, das Malen

kochen, das Kochen

schwimmen
das Schwimmen

reiten
das Reiten

laufen
das Laufen

Fahrrad fahren

Musik hören

Klavier spielen

Karten spielen

Freunde treffen

shoppen gehen

1 Familienfoto

78

a Hör zu und ergänze den Dialog.

● _____ ist das da?

■ Das sind mein _____ ,

meine zwei _____ , mein Cousin und

meine _____ .

● Wer ist das Baby vorne _____ ?

■ Das ist meine _____ Lilly.

● Wie _____ _____ sie?

■ Jetzt ist sie ein Jahr alt.

● Hast du eine _____ ?

■ Nein, aber einen _____ . Er heißt Benni.

b Wiederholung – Schreib die Fragen.

Name: *Wie heißt du?* _____   Alter: _____

Wohnort: _____   Straße: _____

Telefon: _____   Hobbys: _____

Haustiere: _____   **Deine Frage:** _____

2 Phonetik: die Endungen *er* und *e*

a Ordne die Wörter. Wo spricht man ein schwaches *e*? Wo spricht man ein schwaches *a*?

habe – Bis später. –
Telefonummer – heute – hundert –
Kaninchen – komme – Lehrer –
Mathe – Morgen – müde – Schule –
sieben – Kleber – super – wohne –
Katze

schwaches *e*	schwaches *a*
habe	*Bis später.*
_____	_____
_____	_____
_____	_____

79

b Hör zu und sprich nach.

3 Bert erzählt.

a Familienwörter – Was passt zusammen? Ergänze.

Eltern: *Vater*   und M_____   oder Papa und M_____

Geschwister: B_____   und S_____

Großeltern: O_____ und O_____ oder

                 G_____ und G_____

Andere Verwandte: O_____ und T_____ – Cousin und C_____

b Deine Familie – Brauchst du noch andere „Familienwörter"?
Arbeite mit dem Wörterbuch und notiere im Heft.

c Lena erzählt – Lies und ordne die Bilder den Texten zu.

Lena

1 Ich liebe Hunde.

2 Ich mag Doris. Mäuse mag ich nicht.

5 Wo ist meine Maus?

3 Ich mag Polly.

4 Wo ist mein Smartphone?

A ☐
Sie ist 12 und macht nicht gern Sport. Ihre Hobbys sind Mode und Fernsehen. Sie telefoniert mit ihren Freundinnen von morgens bis abends.

B ☐
Er ist schon Rentner, aber er hat einen Computer. Er spielt oft Computerspiele oder er surft im Internet. Er hat noch ein Hobby: Kochen. Sein Gulasch ist einfach super!

C ☐
Sie ist sechs Jahre alt und sie ist sehr faul. Sie mag keine Mäuse. Sie frisst nur „Kitkat". Ihr Lieblingsplatz ist Omas Bett. Hunde mag sie nicht.

D ☐
Sie kocht sehr gern, aber sie fährt auch gern Rad und geht oft schwimmen. Sie hat viele Tiere: einen Hund, zwei Katzen und ein Pferd. Es heißt Polly. Sie reitet aber nicht mehr.

E ☐
Ich mag gern Pferde und reitet schon drei Jahre. Ich kann auch gut malen und fotografieren. Meine Pferdefotos sind super.

d Eine Person aus deiner Familie – Schreib einen Text wie in 3c.

4 Possessivartikel

a Ergänze die Tabelle.

	der	das	die	die (Plural)
ich	mein Vater	mein Pferd	meine Katze	meine Hobbys
du	d_____ Bruder	d_____ Auto	d_____ Schere	d_____ Großeltern
er	s_____ Cousin	s_____ Lineal	s_____ CD	s_____ Cousinen
es (Kind)	s_____ Opa	s_____ Heft	s_____ Mutter	s_____ Eltern
sie	i_____ Freund	i_____ Buch	i_____ Tasche	i_____ Freunde
wir	u_____ Hund	u_____ Haus	u_____ Lehrerin	u_____ Tiere
ihr	e_____ Freund	e_____ Foto	eu(e)re Tante	eu(e)re Geschwister
sie/Sie	i___/I___ Onkel	i___/I___ Mäppchen	i___/I___ Brille	i___/I___ Brüder

b Ergänze die Possessivartikel.

ich: _mein_ Bruder   du: _____ Schwester   er: _____ Cousin

sie: _____ Cousine   es: _____ Vater   wir: _____ Mutter

ihr: _____ Oma   sie: _____ Eltern   du: _____ Freunde

sie: _____ Freundinnen wir: _____ Cousinen   sie: _____ Kinder

c Ergänze *sein* oder *ihr*.

Das ist Paula. Das sind __*ihre*__ Tasche, _____ Buch, _____ Kuli und _____ Brille. _____ Freundin Barbara kommt gleich. Da ist schon _____ Hund.

Das ist das Zimmer von Markus. Er ist nicht da. Das sind _____ Bücher, _____ Inliner, _____ Fernseher und _____ Smartphone. __*Sein*__ Bruder sieht fern und _____ Schwester hört Musik.

5 Chaos

80 **a** Ergänze den Dialog und hör zur Kontrolle.

Mutter: Wir sind wieder viel zu spät.

Wo ist m_____ Brille?

Anna, siehst du m_____ Tasche?

Anna: Aber Mama, d_____ Tasche ist doch da.

Und d_____ Brille ist hier oben.

Mutter: Danke, Anna. Ist Felix schon weg?

S_____ Handy, s_____ Rucksack und

s_____ Sportsachen sind noch da.

Felix: Ja, ich bin noch da, aber ich gehe jetzt auch.

81 **b** Hören üben – Was hörst du: a oder b ? Kreuze an.

1. a Ist das dein Deutschbuch?   b Ist das sein Deutschbuch?
2. a Wo ist meine Schultasche?   b Wo ist deine Schultasche?
3. a Sind das seine Eltern?   b Sind das deine Eltern?
4. a Ist das unsere DVD?   b Ist das ihre DVD?

6 Die Familien von Verena, Sebastian, Maike

a Lies die Texte und ordne die Bilder zu.

A ☐   B ☐   C ☐

1
Meine Eltern, meine Tante, meine Schwester, mein Bruder und ich wohnen zusammen, nicht weit von Leipzig. Meine Großeltern wohnen auch nicht weit weg. Unser Haus hat einen Garten. Wir haben auch einen Hund, er heißt „Bonny" und mag uns alle. Am Wochenende spielen wir Kinder und unsere Freunde im Garten Fußball oder Volleyball. Das macht Spaß.
Verena

2
Meine Mutter und ich leben in Aachen, mein Vater wohnt in Köln. Meine Eltern sind geschieden. Ich fahre einmal im Monat nach Köln und in den Ferien bin ich oft mit meinem Vater zusammen. Meine Mutter arbeitet, sie kommt um vier Uhr nachmittags nach Hause. Dann ist sie müde und braucht Ruhe. Ich lese viel oder ich sehe fern. Aber am Wochenende machen wir oft etwas zusammen. Wir fahren Fahrrad oder wir gehen schwimmen. Ich gehe auch gern ins Kino. Mama kocht nicht gern, aber ich. Kochen ist mein Hobby. Ich kann super Pizza machen und Spaghettisoßen kochen.
Sebastian

3
Wir wohnen nicht weit von Innsbruck. Meine Mutter ist Lehrerin und mein Vater Polizist. Wir machen alle viel Sport: Radfahren, Skifahren, Tennisspielen. Mein Bruder Paul wohnt in Wien, er ist schon 20 und studiert. Am Wochenende kommt er oft nach Hause und dann machen wir zusammen Musik.
Maike

b Lies noch einmal und ergänze die Tabelle.

	Wer wohnt zusammen?	Aktivitäten in der Familie	Wohnort
Verena		Fußball im Garten	
Sebastian			
Maike			bei Innsbruck

7 Familiengedicht

82 Kinder – von Hans Manz. Ergänze die fehlenden Wörter. Hör dann das Gedicht.

Von deinem Vater,
deiner Mutter –
bist du
          das K_____.

Von deinem Großvater,
deiner Großmutter –
sind deine E_____
          die Kinder.

Von deinen Urgroßvätern,
deinen Urgroßmüttern –
sind deine Groß_____
          die Kinder.

Also sind
deine Großeltern,
deine Eltern
und d_____
          allesamt Kinder.

8 Familien in Deutschland

a Schreibtraining – Im Text sind 10 Fehler: groß – klein. Korrigiere sie.

Ich ~~H~~eiße Martina. Meine familie ist sehr klein. Meine Mutter ist 35 Jahre Alt.
Mein Vater und meine Mutter sind Getrennt. Ich besuche meinen Vater in
den ferien. Ich habe keine Geschwister. Meine Mutter hat eine Schwester.
sie ist 29 Jahre alt. Sie ist nicht Verheiratet, aber sie hat einen Freund. mein
Opa ist 67 Jahre alt. Er wohnt nicht Bei uns. Er ist Rentner. An Weihnachten
sind wir alle Zusammen.

b Schreib einen Text ins Heft. Wähle A „Meine Familie" oder B „Familien in meinem Land".

9 Was sind deine Eltern von Beruf?

Schreib die Berufe zu den Bildern.

_____ _____ _____ _____ _____

♪ 83 ### 10 Wortakzent

Markiere den Wortakzent. Hör zur Kontrolle und sprich nach.

der V<u>a</u>ter – der Großvater – die Mutter – die Großmutter – der Automechaniker – der Zahnarzt –
die Fotografin – die Tennisspielerin – der Trainer – das Model

11 Traumberufe

Wörterbucharbeit – Wie heißen diese Traumberufe auf Deutsch?

_____ _____ _____ _____ _____

Hörstudio

84 **a** Hör die Geschichte und ordne die Bilder.

b Wo ist die Spinne? Markiere.

Der Spinnenforscher

Bild A

Bild B

Bild C

Bild D

Bild E

Bild F

Meine Ecke

a Suche die 18 Wörter (➜ und ⬇) und schreib sie in die Tabelle..

S	C	H	W	E	S	T	E	R	L	E	H	R	E	R
P	K	U	H	Z	W	E	I	L	I	N	E	A	L	O
I	I	N	F	O	R	M	A	T	I	K	E	R	T	D
N	X	D	Ü	M	B	U	C	H	H	E	F	T	E	R
N	E	U	N	A	P	O	L	I	Z	I	S	T	R	E
E	L	P	F	E	R	D	O	N	K	E	L	O	N	I

Verwandtschaft	Tiere	Berufe	Schulsachen	Zahlen
Schwester				

b Mach selbst ein Suchrätsel. Tauscht in der Klasse.

Mach die Übungen. Kontrolliere im Schlüssel auf Seite 79 und kreuze an:

☺ das kann ich gut   ☺ das kann ich einigermaßen   ☹ das muss ich noch üben.

1 Ein Bild beschreiben: rechts, links, in der Mitte ...

Lukas *Anita* *Pia*

Hinten links ist Lukas und Pia ist _____.

_____ ist

_____.

Max, der Hund, ist _____ .

Max

2 Sagen, wem etwas gehört.
Beantworte die Fragen wie im Beispiel.

1. *Hast du einSmartphone?*   *Ja, das ist mein Smartphone.*

2. *Hat deine Mutter eine Brille?*   *Ja, das ist _____ Sonnenbrille.*

3. *Habt ihr einen Hund?*   *Ja, _____ Hund heißt Bodo.*

4. *Hat dein Vater ein Fahrrad?*   *Ja, _____ Fahrrad ist ganz toll.*

85 **3** Einen Hörtext über „Familie" verstehen.   Kreuze an: richtig R oder falsch F.

1. Lena ist 13 Jahre alt. R F   5. Andrea hat einen Freund. R F
2. Lenas Mutter arbeitet als Verkäuferin. R F   6. Lena spielt Tennis. R F
3. Ihr Bruder ist 16. R F   7. Lena mag Musik nicht so gerne. R F
4. Lena hat eine Schwester. R F   8. Lenas Vater hat kein Hobby. R F

4 Verwandtschaft   **Wer ist das?**

Dein Vater hat einen Bruder. Das ist dein _____Onkel_____.

Deine Mutter hat eine Mutter. Das ist deine _____.

Dein Bruder hat eine Schwester. Das ist deine _____.

5 Über Berufe sprechen   **Wer ist was von Beruf in deiner Familie? Drei Beispiele.**

Meine Tante ist Rechtsanwältin.

Ich habe einen Onkel. Er ist ...

Seite 51

die Eltern (nur Pl.)   . . . .
die Mutter, "-   . . . .
der Vater, "-   . . . .
der Beruf, -e   . . . .
die Schwester, -n   . . . .
der Bruder, "-   . . . .
der Cousin, -s   . . . .
die Cousine, -n   . . . .
die Leute (nur Pl.)   . . . .
die Familie, -n   . . . .
die Oma, -s   . . . .
der Opa, -s   . . . .
die Tante, -n   . . . .
der Onkel, –   . . . .

Seite 52

vorne   . . . .
hinten   . . . .
rechts   . . . .
links   . . . .
aussehen, sieht … aus   . . . .
· Die sieht süß aus.   . . . .
cool   . . . .
in der Mitte   . . . .
· auf dem Foto   . . . .
das Foto, -s   . . . .
· Wie alt ist er?   . . . .
· Er ist … Jahre alt.   . . . .
die Geschwister (nur Pl.)   . . . .

Seite 53

der Rentner, –   . . . .
die Rentnerin, -nen   . . . .
das Bild, -er   . . . .

Seite 54

freundlich   . . . .
ärgerlich   . . . .
· Was ist denn hier los?   . . . .
die Großeltern (nur Pl.)   . . . .

Seite 55

faul   . . . .
trinken   . . . .
das Kind, -er   . . . .
verheiratet   . . . .
allein   . . . .
getrennt   . . . .
geschieden   . . . .

der Sohn, "-e   . . . .
die Tochter, "-   . . . .
der Enkel, –   . . . .
die Enkelin, -nen   . . . .

Seite 56

der Mann, "-er   . . . .
die Frau, -en   . . . .
· Was ist er/sie von Beruf?   . . . .

Seite 57

richtig   . . . .
der Traumberuf, -e   . . . .

Seite 58

die Freude, -n   . . . .

Einige Berufe

♂   ♀
der Arzt, "-e   die Ärztin, -nen
der Ingenieur, -e   die Ingenieurin, -nen
der Polizist, -en   die Polizistin, -nen
der Mechaniker, –   die Mechanikerin, -nen

1 Am Kiosk

86 **a Ergänze den Dialog. Hör zur Kontrolle.**

tschüs – Ein – haben – kostet – möchte – ist –
Cent – Euro – die – und

● Guten Tag, ich _____ einen
   Kaugummi.

■ Den da?

● Ja, den da.

■ Der _____ 35 _____.

● Und _____ Sie _____ „Bravo"?

■ Ja, die _____ heute ganz neu.

● Die auch, bitte.

■ _____ Kaugummi _____ die „Bravo" – 1 _____ 65.
   2 Euro und 35 Cent zurück. Danke.

● Danke, _____.

87 **b Hör zu und ergänze den Dialog.**

O.k., dann die. – Äh … das ist falsch, glaube ich. – Die für 90 Cent, bitte. – 5 €. –
Haben Sie Gummibärchen? – Ja, die Zeitung bitte.

● _____

■ Ja, hier die kosten 90 Cent oder die 1,50 €.

● _____

■ Noch etwas?

● _____

■ Die „Bild"-Zeitung, die „Tageszeitung"…?

● Äh, ich weiß nicht – die ist für meinen
   Vater.

■ Dein Vater liest die „Tageszeitung".

● _____

■ Gummibärchen und die „Tageszeitung" –
   3,10 €.

● _____

■ Und 2 Euro 90 zurück.

● _____

■ Wie bitte? Ach so … Entschuldigung.
   Danke!

2 Hören üben

88 **a Was kosten die Sachen? Hör zu und schreib.**

1. _____ 2. _____ 3. _____ 4. _____ 5. _____

89 **b Englische Wörter im Deutschen – Hör zu und markiere die betonte Silbe.**

der Computer – der Comic – das Tablet – das T-Shirt – das Internet – surfen – chatten –
das Smartphone – das Handy – der Laptop

c Hör noch einmal und sprich nach.

3 Einkaufsdialoge

a Wer sagt was? Notiere: V (Verkäufer/in), K (Kunde/Kundin).

1.	_K_	Was kostet der/das/die …?	10. ____	Was möchtest du?
2.	____	Das ist nicht so teuer.	11. ____	Dann kaufe ich den/das/die.
3.	____	Der/Das/Die … kostet 50 Cent.	12. ____	Möchtest du ein … oder ein …?
4.	____	Haben Sie auch Postkarten von Berlin?		
5.	____	Ich möchte einen/ein/eine …		
6.	____	Danke. Tschüs / Auf Wiedersehen.		
7.	____	Nein, das habe ich leider nicht.		
8.	____	So teuer?		
9.	____	Was möchten Sie?		

b Schreib einen Einkaufsdialog. Die Ausdrücke in 3a helfen.

4 Den da, das da, die da …

Ergänze die Dialoge mit *der, das* oder *die*.

Dialog 1	Dialog 2	Dialog 3	Dialog 4
● Was kostet ein Kuli?	● Möchtest du _____ Postkarte oder _____ oder beide?	● Welches Heft möchtest du?	● Haben Sie Kaugummis?
■ _____ da kostet 80 Cent und _____ da kostet 1 Euro 10.	■ Ich nehme beide.	■ _____ da mit den Linien.	■ Ja, _____ da kosten 35 Cent und _____ da kosten 45.

♪ 5 Phonetik: *ei, au, eu*

90 Hör zu und ergänze *ei, au* oder *eu*.

P____l ist n____ in der Klasse.

Er kommt ____s Br____nschw____g.

Jetzt ist er m____n Fr____nd.

Er hat ____ne M____s.

Sie ist sehr kl____n und kommt ____s ____stralien.

6 Einkaufen

91 Hör zu und kreuze an: a, b oder c.

1. Lukas kauft …

    [a]   [b]   [c]

einen Schokoriegel und Gummibärchen.   Gummibärchen und eine Zeitung.   einen Schokoriegel und eine Zeitung.

2. Er bezahlt …

    [a]   [b]   [c]

5 Euro.   3,20 Euro.   1,80 Euro.

7 Wünsche

a Ergänze die Artikel und die Pluralform. Ergänze auch deine Wünsche.

das T-Shirt, _-s_ _____ Buch, _____ _____ Handy, _____ _____ _____, _____

_____ Computer, _____ _____ Laptop, _____ _____ Poster, _____ _____ _____, _____

_____ Zeitschrift, _____ _____ Rucksack, _____ _____ Fahrrad, _____ _____ _____, _____

b Was möchten Pia und Rafik? Schreib die Sätze.

Pia möchte ein
Computerspiel.
_____
_____
_____
_____
_____
_____

_____
_____
_____
_____
_____
_____
_____

c Und du? Schreib deine Wünsche auf.

Ich möchte ...

8 Geburtstagswünsche

a _Ich möchte_ ... – Ergänze die Verbformen und dann die Sätze 1–6.

ich	_möchte_	1. Ich _____ ein Pferdebuch.	
du	_____	2. _____ du auch so gerne einen Hund?	
er/es/sie/man	_____	3. Rafik _____ einen Taschenrechner.	
wir	_____	4. Pia und ich _____ ein Mountainbike.	
ihr	_____	5. _____ ihr eine Schokolade?	
sie/Sie	_____	6. Kinder _____ immer so viel haben.	

b Wiederholung Akkusativ – Ergänze passende Gegenstände und schreib die Sätze.
   Es gibt verschiedene Möglichkeiten. Achte auf die Artikel.

die Katze – das Fahrrad – der Laptop – das Tablet – der Tennisschläger – die Sonnenbrille – der Hund – der Taschenrechner – die Konzertkarte – das Buch

1. Rafik hat einen ..., aber er hat keine ...
2. Er möchte gerne eine ... und einen ...
3. Pia hat einen ... und jetzt möchte sie ein ...
4. Rafiks Vater hat eine ... und einen ...
5. Pias Mutter möchte gerne eine ... und ein ...

1. Rafik hat einen Tennisschläger, aber er hat keine Sonnenbrille.
ODER:
1. Rafik hat einen Laptop, aber er hat keine Katze.

9 Verben trainieren

a Diese Verben sind aus prima A1.1. Kennst du sie alle? Schlag die anderen nach.

abholen, anfangen, anmelden, antworten, arbeiten, aufstehen, ausgeben, ausmachen, basteln, beginnen, besuchen, bezahlen, buchstabieren, chatten, fahren, fernsehen, fliegen, fotografieren, geben, haben, heißen, hören, kaufen, kochen, kommen, kosten, lernen, lesen, machen, möcht(en), mögen, malen, mitmachen, mitkommen, nehmen, reiten, sagen, schreiben, schwimmen, sehen, sein, shoppen, spielen, sprechen, suchen, surfen, telefonieren, verstehen, wohnen

b Besondere Verben – Schreib wie in den Beispielen.

trennbare Verben	Verben mit Vokalwechsel	unregelmäßige Verben
abholen, er holt ab,	*anfangen, er fängt an*	*haben, er hat*
mitkommen, er kommt mit ...	*fahren, er fährt*	

c Sprich die Verben laut. Markiere den betonten Vokal: lang _ oder kurz ·. Hör zur Kontrolle.

92

fa̱hren – ba̱steln – sehen – sprechen – fliegen – schwimmen – wohnen – kochen – mögen – möcht(en) – telefonieren – buchstabieren – fotografieren – ausgeben – abholen – mitmachen – beginnen – verstehen – bezahlen

d Ergänze die Sätze mit einem passenden Verb aus 9a in der richtigen Form.

1. Nach den Hausaufgaben ___*surfe*___ ich im Internet oder ___*sehe*___ ___*fern*___ .

2. Mein Bruder _____ gern. Er hat 100 Bücher im Tablet.

3. Ich _____ gerne ein Pferd, aber meine Eltern können das nicht _____.

4. Meine Freundin _____ gern, aber sie hat kein Pferd.

5. Ein Pferd _____ bei uns fast 500 Euro im Monat.

6. ● _____ du 3-D-Computerspiele?   ■ Ich _____ nicht gern Computerspiele.

7. ● Ich _____ ins Kino. _____ du _____? Der Film _____ um drei.

   ■ O.k., ich _____ _____. Ich _____ dich um 14 Uhr _____.

10 Jugendliche und Geld

Schreib die Dialoge ins Heft.

Dialog 1

● Taschengeld / bekommen / du / ?

■ Nein, / 5 € / aber / von Oma / pro Woche / bekommen / ich / .

Dialog 2

● Taschengeld / bekommen / du / wie viel / ?

■ pro Monat / bekommen / 15 € / ich / .

● von Oma oder Opa / bekommen / du / Geld / ?

■ bekommen / 10 € / pro Monat / von Opa / ich / .

Wie viel Taschengeld bekommst du?

Ich bekomme 2 Giga-byte in der Woche.

Dialog 1
● Bekommst du Taschengeld?
...

11 Meine Ausgaben

a Geld ausgeben – Schreib Texte zu den Bildern wie im Beispiel.

gern gehen	gerne fahren	Geld sparen	Tiere mögen	möchte
ausgeben	Geld sparen	möchte kaufen	möchte kaufen	Klavier lernen
im Monat	möchte kaufen	eine Spielkonsole	einen Hund	aber
10 Euro	ein Skateboard			sehr teuer
das Kino				ein Klavier

Ich gehe gern ins Kino. Ich gebe 10 Euro im Monat für Kino aus.

b Schreib einen Text wie in 11a über dich.

12 Mein Geld reicht nicht!

Geld verdienen, aber wie? Schreib die Sätze.

1. Ich / für meine Oma / samstags / einkaufen /. _____

2. blöd / finden / Rasenmähen / ich / . _____

3. ich / Nachhilfe / geben / gerne / . _____

4. langweilig / Autowaschen / sein. _____

5. Babysitten / gut / ich finden / . _____

6. mögen / ich / Rasenmähen / nicht /. _____

13 Schüler-Chat

Groß oder klein? Im Internet schreiben viele Leute alle Wörter klein. Lies und korrigiere.

Schüler-Chat	⁺Neue Nachricht	Optionen	⇨ **Startseite**

BlingDeluxe

/
ich habe viel geld. ich bin 13 und bekomme 40 euro taschengeld. ich arbeite 2 stunden in der woche und bekomme so pro monat noch mal 40 €. das ist mein geld. kleidung bezahlt meine oma.

TwanX 2.0

hi, ich bin 14. ich wohne in San Diego. ich bekomme kein taschengeld. ich habe viele jobs: babysitten, im supermarkt helfen, zeitungen austragen. das bringt ungefähr 150 dollar im monat. bei uns in den usa machen das viele jugendliche.

Leseecke

Lies das Interview aus der Schülerzeitung „Kerner". Kreuze bei 1–6 an: $\boxed{R}$ richtig oder $\boxed{F}$ falsch.

Freizeit und Geld – das „Kerner"-Interview

Kerner Könnt ihr euch bitte kurz vorstellen?

Mariana Ich heiße Mariana Stanzl, ich bin 13 Jahre alt und gehe in die Klasse 7 vom Justinus-Kerner-Gymnasium in Heilbronn.

Mika Mika Baum, 12, Elsa-Throm-Schule, Heilbronn.

Julia Ich heiße Julia Tritsch. Ich bin in der Klasse von Mariana. Ich bin auch 13.

Kerner Was macht ihr in der Freizeit?

Mariana Ich mag Pferde sehr gern. Ich bin viel auf einem Reiterhof. Aber ich habe kein Pferd. So viel Geld haben meine Eltern nicht. Ich arbeite auf dem Reiterhof und dann kann ich manchmal auch reiten.

Kerner Und du, Mika?

Mika Ich spiele Fußball im Verein. Aber ich habe auch andere Hobbys. Ich höre viel Musik und mache viel am Computer.

Kerner Was hörst du?

Mika Deutschen HipHop, aber ich mag auch Rock. Mein Vater hat viele alte CDs. Die höre ich gern. „Tommy" von „The Who" finde ich super. Das ist eine Rock-Oper.

Kerner Ein Rock-Opa?

Mika Nein, eine Rock-OPER.

Julia Ich höre auch ab und zu alte Sachen. Da gibt es ganz tolle Sachen.

Kerner Hast du noch ein Hobby?

Julia Ich treffe mich gern mit meinen Freundinnen. Wir gehen in die Stadt zum Shoppen. Meistens schauen wir uns die Sachen aber nur an. Wir haben nicht so viel Geld. Aber manchmal kaufe ich auch etwas.

Kerner Wie viel Taschengeld bekommt ihr?

Julia Ich bekomme 12 Euro pro Monat und meine Eltern zahlen die Flatrate für das Handy.

Mariana Ich bekomme 8 Euro. Aber meine Oma gibt mir noch 10 Euro im Monat.

Mika Ich bekomme 16 Euro, aber ich kaufe Hefte und Stifte selbst.

Kerner Verdient ihr schon Geld?

Mariana Ich habe keine Zeit. Ich arbeite so viel bei den Pferden und für die Schule.

Julia Ich gehe für meine Oma einkaufen und dann gibt sie mir ein bisschen Geld.

Mika Ich bin gut in Mathe und gebe dem Sohn von Freunden Nachhilfe in Mathe. Ich bekomme 10 Euro pro Stunde.

1. Alle drei wohnen in Heilbronn. $\boxed{R}$ $\boxed{F}$
2. Alle drei sind im Justus-Kerner-Gymnasium. $\boxed{R}$ $\boxed{F}$
3. Mariana hat ein Pferd. $\boxed{R}$ $\boxed{F}$
4. Mika macht Musik am Computer. $\boxed{R}$ $\boxed{F}$
5. Julia geht mit Freundinnen in die Stadt. $\boxed{R}$ $\boxed{F}$
6. Alle drei verdienen Geld. $\boxed{R}$ $\boxed{F}$

Meine Ecke

Was bekommt Janina zum Geburtstag? Kannst du den Text lesen?

Janina mag Technik. Sie möchte zum Geburtstag ein Mofa. Aber ihre Eltern finden ein Mofa zu teuer. Sie bekommt ein Poster mit Mofas, ein T-Shirt mit Mofas und ein Mofa-Buch. Und sie bekommt ein Fahrrad. Fahrradfahren ist gesund, sagen ihre Eltern.

Mach die Übungen. Kontrolliere im Schlüssel auf Seite 79 und kreuze an:
☺ das kann ich gut   ☺ das kann ich einigermaßen   ☹ das muss ich noch üben.

1 Sagen, was man haben möchte   Ergänze den Dialog.

● Was möchtest du?

■ _____

● Noch etwas?

■ _____

2 Wünsche äußern   Was möchten Hannah und Jens, was möchtest du? Schreib Sätze.

Hanah

_____
_____
_____

Jens

_____
_____
_____

Ich

_____
_____
_____

93 **3** Preise verstehen   Hör zu und notiere die Preise.

1. Der Comic kostet _____ Euro.

2. Die Zeitschriften kosten _____ Euro oder _____ Euro.

3. Das Mädchen bezahlt zusammen _____ Euro.

4 Über Taschengeld sprechen   Schreib zwei Fragen und deine Antworten.

Bekommst _____?   _____

Wie _____?   _____

5 Sagen, was man gut / nicht gut findet.   Schreib die Sätze zu Ende.

1. Rasenmähen finde ich _____.   Das mache ich _____.

2. Fernsehen _____.   Basketball _____.

6 Drei Lesestrategien   Welche Strategie passt? Ordne die Symbole zu.

1. Dich interessiert nur: Was ist das Thema?

2. Du suchst eine Information (z.B.: Wann beginnt der Film?)

3. Dich interessiert: Was sagt der Text genau?

A   B   C

Seite 59

die Zeitung, -en . . . .

die Zeitschrift, -en . . . .

die Postkarte, -n . . . .

der Comic, -s . . . .

das Gummibärchen, – . . . .

der Apfelsaft, – . . . .

die Limo, -s . . . .

der Kaugummi, -s . . . .

der Schokoriegel, – . . . .

die Tüte, -n . . . .

Seite 60

· Ich hätte gerne … . . . .

kosten . . . .

· Was kostet/kosten …? . . . .

nehmen, nimmt . . . .

· Noch etwas? . . . .

· Das ist alles. . . . .

· Das macht 2 Euro. . . . .

zurück . . . .

kaufen . . . .

bezahlen . . . .

zurückgeben,

gibt … zurück . . . .

Seite 61

der Kiosk, -e . . . .

· am Kiosk . . . .

der Preis, -e. . . . .

· Tut mir leid. . . . .

· Das habe ich leider nicht. . . . .

Seite 62

· Wie heißt … auf Deutsch? . . . .

der Geburtstagswunsch, "-e . . . .

teuer . . . .

billig . . . .

der Tennisschläger, – . . . .

Seite 63

möcht(en) . . . .

· Ich möchte ein Skateboard. . . . .

· zum Geburtstag . . . .

der Geburtstag, -e . . . .

Seite 64

das Taschengeld (nur Sg.) . . . .

bekommen . . . .

das Geld (nur Sg.) . . . .

selbst . . . .

der Monat, -e . . . .

· pro Monat . . . .

die Süßigkeiten (nur Pl.) . . . .

ungefähr . . . .

ausgeben, gibt … aus . . . .

· Wie viel Geld gibst
   du für Kino aus? . . . .

oft . . . .

manchmal . . . .

nie . . . .

der Job, -s . . . .

verdienen . . . .

die Nachhilfe . . . .

geben, gibt . . . .

· Nachhilfe geben . . . .

finden . . . .

· Ich finde … gut/super. . . . .

interessant . . . .

blöd . . . .

der Spaß (nur Sg.) . . . .

· Das macht Spaß. . . . .

Mein Tipp:
Lerne Wörter in Gruppen.

billig – teuer
interessant – langweilig
super – blöd
sehr gut – nicht so gut

Spaß machen – keinen Spaß machen
gerne machen – nicht gerne machen

immer – oft – manchmal – nie

Texte verstehen

a Am Samstag bei Familie Bach – Wer ist wer? Sieh das Bild an und ergänze die Texte 1–10.

Mutter – Vater – Bruder – Schwester – ich – Hund – Katze – Oma und Opa – Onkel und Tante

1. _Mein Onkel und meine Tante_ haben Fahrräder. Am Samstag fahren sie oft Fahrrad. Und kommen zu uns.

2. Meine _____ trifft samstags ihre Freundinnen Amelie und Else. Sie trinken Kaffee. Dann gehen sie spazieren oder ins Kino.

3. _____ ist noch klein, sie ist sechs Jahre alt. Sie spielt und hört Musik. Sie möchte mit uns schwimmen gehen. Das mag ich nicht.

4. _____ ist schon 80, aber er fährt noch Fahrrad. Am Samstag liest er Zeitung oder ein Buch. Oder er schläft. Er spielt gut Klavier.

5. _____ gehe oft am Samstag schwimmen und treffe meine Freunde. Ich kaufe gern Süßigkeiten.

6. _____ ist Sekretärin. Am Samstag arbeitet sie nicht. Sie liest und hört Musik. Sie mag Rock und Jazz.

7. _____ heißt Lobby und ist sehr lieb. Er ist drei Jahre alt. Sein Hobby ist Essen. Er mag Pizza, Spaghetti, Wurst …

8. _____ ist 15 Jahre alt. Er spielt Gitarre und Schlagzeug. Er kocht oft mit Papa zusammen.

9. _____ ist schon sechs Jahre. Sie liegt und schläft und schläft. Sie mag Opa. Sie frisst keine Mäuse, nur Katzenfutter.

10. _____ ist Informatiker und er kann sehr gut kochen. Er kocht jeden Samstag.

b Familienhobbys – Wer macht was? Lies noch einmal und ergänze die Sätze.

1. _Onkel, Tante und Opa_ fahren Rad.

2. _____ können kochen.

3. _____ hören Musik.

4. _____ machen Musik.

5. _____ machen Sport.

6. _____ trinken gern Kaffee.

7. _____ schlafen gerne.

8. _____ sind 6 Jahre alt.

c Und deine Familie? Wer macht was am Samstag? Schreib einen Text im Heft.

Am Samstag schlafen wir lange.
Mein Vater steht um 8 Uhr auf, aber meine Mutter ...

 Phonetik

94 Umlaut-Diktat – Hör zu und ergänze die 18 Umlaut-Punkte für *ä, ö* und *ü*.

● Was magst du?

■ Ich mag Tiere, ich mag Vögel. Ich habe auch einen Vogel zu Hause, einen

  Papagei. Er heißt Ara. Er ist sehr schon, blau, rot und grun und kann

  viele Worter: „mude", „zu spat" und „tschus". Ich mochte auch einen

  Hund oder eine Hundin haben. Aber mein Vater mag keine Hunde.

● Hast du Geschwister?

■ Ja, ich habe funf Bruder.

● Mogen deine Bruder auch Tiere?

■ Ja, sie mogen Kangurus und Mause. Sie haben eine Maus zu Hause.

  Ich finde Mause blod.

● Hören und verstehen

95 Welche Reaktion passt? Hör zu und kreuz an.

1.
[a] Um sechs Uhr.
[b] Es ist fünf vor drei.

2.
[a] Um fünf.
[b] Ich habe keine Uhr.

3.
[a] Ich mag Tennis.
[b] Wann geht ihr?

4.
[a] O.k., super.
[b] Wann kommst du?

5.
[a] Was machst du?
[b] Nein, er ist Elektriker.

6.
[a] Sie hört gerne Jazz.
[b] Sie arbeitet zu Hause.

7.
[a] Beide, bitte.
[b] Danke.

8.
[a] Nein, ich habe ein Fahrrad.
[b] Ein Poster und ein T-Shirt.

Grammatik wiederholen

E1 | Das bin ich

Schreib Fragen mit den Verben *heißen, kommen, mögen, wohnen* und beantworte sie.

1. Wie *heißt du* _____? *Ich heiße ...* _____
2. Woher _____? _____
3. Wo _____? _____
4. Was _____? _____

E2 | Meine Klasse

a Ergänze die Personalpronomen.

_____ heiße Leo. Das links ist mein Freund Nick.

_____ kommt aus Hamburg.

In der Mitte ist meine Freundin Jule.

_____ kommt aus Bremen.

b Artikel – Ergänze den bestimmten Artikel.

_____ Buch   _____ Heft   _____ Rucksack   _____ Handynummer

_____ Uhr   _____ Brille   _____ Schule   _____ Adresse

E3 | Tiere

a Ergänze die Nomen im Plural.

– der Freund, zwei _____

– das Buch, drei _____

– das Tier, fünf _____

b Konjugation *haben* – Ergänze die richtige Form.

● _____ du ein Haustier?

■ Nein, ich _____ kein Tier, aber meine Schwester

_____ ein Kaninchen.

c Schreib die Ja/Nein-Fragen und beantworte sie.

1. du / eine Katze / haben / ?   *Hast du*_____

    *Nein,*_____

2. Filme / gerne / sehen / du / ?   _____

    _____

3. eine Handy / haben / du / ?   _____

    _____

d Akkusativ – Ergänze den Artikel.

● Habt ihr e_____ Hund?

■ Ja, er heißt Bello. Habt ihr auch e_____ Hund?

● Nein, wir haben k_____ Hund, wir haben e_____ Katze.

E4 | Mein Schultag

Schreib Sätze wie im Beispiel.

1. [08:00] Schule / beginnen   *Um acht Uhr beginnt die Schule.*

2. [12:30] wir / Mittagspause / haben   _____

3. ich / nachmittags / Hausaufgaben / machen   _____

    Nachmittags   _____

E5 | Hobbys

a Trennbare Verben – Schreib Sätze oder Fragen.

1. Jule / um halb sieben / aufstehen   _____

2. du / mitkommen / ?   _____

3. ich / nicht gerne / fernsehen   _____

b *Können* – Ergänze die richtige Form.

● Was _____ du gut?

■ Ich _____ gut Gitarre spielen und das ist meine Freundin Hannah,
   sie _____ super kochen.

c Verben mit Vokalwechsel: *fernsehen, fahren* – Ergänze die richtige Form.

1. Mein Bruder _____ jeden Tag _____.
   _____ du auch gerne _____?

2. Mein Freund _____ gerne Ski,
   ich _____ gerne Snowboard.

E6 | Meine Familie

a Possessivartikel – Ergänze die richtige Form.

Ich bin Lisa und das sind _____ Bruder Tom

und _____ Freundin Nora.

Und das da hinten sind u_____ Eltern.

b Männer und Frauen – Ergänze.

der Lehrer	die _____
der Schüler	die _____
der Informatiker	die _____
der Verkäufer	die _____

E7 | Was kostet das?

a *Ich möchte ...* – Ergänze die richtige Form.

Gehen wir zum Kiosk? Ich _____ eine Cola

kaufen, Tim _____ eine Zeitschrift

kaufen und Sina und Tanja _____
Süßigkeiten kaufen.

b Ergänze die richtigen Formen von *mögen* und *treffen*.
Dialog 1

● _____ du Pizza?

■ Nein, ich _____ Pizza nicht.

Dialog 2

● _____ ihr heute noch Sandra?

■ Nein, wir _____ sie nicht, aber Janek _____ sie morgen in der Schule.

c Schreib die Sätze.

1. eine Playstation / kaufen / ich / möchte _____

2. ins Kino gehen / du / möchtest / ? _____

3. du / bekommst / Taschengeld / wie viel / ? _____

4. Sandra / für Bücher / aus / viel Geld / gibt _____

5. Geld / ich / verdiene / mit Nachhilfe _____

Teste deine Grammatik

Lies den Brief und wähle für jede Lücke (1–20) das richtige Wort aus a, b, c.

Neue Mail   ⇨ **Senden**

| An | marcoreinders@gtz.com |
| Betreff | Brieffreundschaft |

Hallo, Marco,

ich habe deine Adresse von Brieffreundschaft.de. (1) geht's? Ich heiße Tim und (2) 13 Jahre alt.

Ich mag Musik und Fußball. Was machst du gerne? (3) du Geschwister?

Wir wohnen (4) Hamburg. Wir, das sind (5) Eltern, (6) Bruder Stefan und (7) Schwester Johanna.

Johanna ist noch klein, (8) ist drei Jahre alt, Stefan ist 12. (9) Hobby ist auch Sport. Er (10) auch

Fußball. Wir machen viel zusammen. Wir haben auch (11) Hund, er heißt Racker.

Mein Schultag? Also, ich stehe um halb sieben auf. Die Schule beginnt um zehn vor acht. Um halb

acht (12) ich Oskar (12) und dann gehen wir zusammen zur Schule. Oskar ist mein Freund.

Wir haben Schule bis um ein Uhr. Meine Lieblingsfächer (13) Mathematik und Englisch. Ich (14) schon

gut Englisch. Wie ist dein Schultag und was sind deine Lieblingsfächer?

Nachmittags mache ich Hausaufgaben und dann treffe ich meine (15) oder ich mache Sport.

(16) Wochenende gehe ich gerne ins Kino. Ich lese auch gerne, (17) und Zeitschriften. Ich gebe viel

Geld für Zeitschriften aus. (18) du auch gerne? Wie viel Geld (19) du für Zeitschriften (19)?

(20) Taschengeld bekommst du?

Tim

1.
- a Wer
- b Wo
- c Wie

2.
- a sein
- b bin
- c ist

3.
- a Hast
- b Haben
- c Hat

4.
- a in
- b aus
- c am

5.
- a mein
- b meinen
- c meine

6.
- a mein
- b meinen
- c meine

7.
- a sein
- b bin
- c ist

8.
- a sie
- b er
- c ihr

9.
- a Sein
- b dein
- c Ihr

10.
- a mögen
- b mögt
- c mag

11.
- a einen
- b ein
- c eine

12.
- a hole … ab
- b holt … ab
- c holen … ab

13.
- a sein
- b bin
- c ist

14.
- a kannst
- b kann
- c könnt

15.
- a Freunde
- b Freund
- c Freunden

16.
- a Am
- b Im
- c Um

17.
- a Buch
- b Bücher
- c die Bücher

18.
- a Liest
- b Lest
- c Lesen

19.
- a ausgeben
- b gibst … aus
- c gebe … aus

20.
- a Wie viel
- b Was
- c Wie

Logikclub

a Wer ist wer? Lies die Sätze und ergänze die Tabelle.

	Wohnort	Hobby	Alter
Sascha			
Robert			
Julia			
Maria			

Sascha ist vierzehn Jahre alt.
Robert wohnt nicht in Bonn.
Maria spielt gern Fußball.
Das Mädchen aus Frankfurt macht Judo.
Der Junge aus Innsbruck ist 15 Jahre alt.
Julia ist so alt wie Sascha.
Maria ist so alt wie Robert.
Der Junge aus Passau spielt nicht Tennis,
aber der andere Junge.
Ein Junge macht Karate.

b Schreib Fragen ins Heft und beantworte sie mit der Tabelle: Alter, Wohnort, Hobbys.

Wie heißt das Mädchen aus Frankfurt? Wer wohnt ...? Was ...?

 Lange Wörter

Wie viele Wörter findest du in diesen Wörtern? Arbeite mit dem Wörterbuch.

 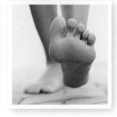   

Tierposter	Familienfoto	Haustier	Taschengeld	Fußball
Jugendzeitschrift	Gitarrenunterricht	Großeltern	Handynummer	Konzertkarte
Motorrad	Hausnummer	Nachmittag	Klassenzimmer	Tierarzt
Mathestunde	Wochentag	Wochenende	die Lernkarte	Kugelschreiber

Tierposter: das Tier, das Poster

Wortschatz trainieren

Im Bild findest du mindestens 40 Nomen aus prima^{plus°}.
Schreib die Artikel und die Pluralformen dazu.

Lesen und verstehen

SMS-Nachrichten – Was passt zusammen?

Inhaltsverzeichnis

Verben	Regelmäßige Verben, Verben mit Vokalwechsel	72
Verben	Unregelmäßige Verben, Modalverb *können*, trennbare Verben, Nomen-Verb-Kombinationen	73
Nomen und Artikel	Artikel, Singular und Plural, Nominativ und Akkusativ, Femininum und Maskulinum bei Berufen	74
	Possessivartikel	75
Adjektive	Adjektive nach dem Nomen	75
Präpositionen	Ort, Zeit, andere	76
Die Wörter im Satz	W-Fragen, Ja/Nein-Fragen, Aussagesätze	76
Rechtschreibung	Groß- und Kleinschreibung, Punkt und Fragezeichen am Satzende	77

Verben

Regelmäßige Verben

Infinitiv	**spielen**	
Singular	ich	spiele
	du	spielst
	er/es/sie	spielt
Plural	wir	spielen
	ihr	spielt
	sie	spielen
Höflichkeitsform	Sie	spielen

Mein Tipp:
Regelmäßige Verben
sind leicht.
Merk dir
e-st-t und en-t-en,
das reicht.

Genauso funktionieren:
machen, kommen, wohnen,
lernen, fragen, rappen, jonglieren …

! heißen
du heißt
! arbeiten
du arbeitest

Verben mit Vokalwechsel: *e ⇨ i* und *a ⇨ ä*

Infinitiv	**sprechen**			
Singular	ich	spreche	fahren	er/sie fährt
	du	sprichst	lesen	er/sie liest
	er/es/sie	spricht	schlafen	er/sie schläft
			sehen	er/sie sieht
Plural	wir	sprechen	treffen	er/sie trifft
	ihr	sprecht	waschen	er/sie wäscht
	sie	sprechen		
Höflichkeitsform	Sie	sprechen		

Mein Tipp:
Verben mit Vokalwechsel immer mit
der 3. Person Singular lernen:
ich spreche – er/sie spricht.

Unregelmäßige Verben

Infinitiv		sein	haben	mögen	möcht(en)
Singular	ich	bin	habe	mag	möchte
	du	bist	hast	magst	möchtest
	er/es/sie	ist	hat	mag	möchte
Plural	wir	sind	haben	mögen	möchten
	ihr	seid	habt	mögt	möchtet
	sie	sind	haben	mögen	möchten
Höflichkeitsform	Sie	sind	haben	mögen	möchten

Wie alt bist du?

Ich bin 13.

- Hast du ein Haustier?
- Ja, ich habe eine Katze.

- Magst du Mathe?
- Nein, ich mag Bio.

- Was möchtest du zum Geburtstag?
- Ich möchte ein Handy.

Modalverb *können*

Infinitiv		können
Singular	ich	kann
	du	kannst
	er/es/sie	kann
Plural	wir	können
	ihr	könnt
	sie/Sie	können

Ich kann gut Computerspiele spielen.

Kann ich mitspielen?

Trennbare Verben

Infinitiv		Position 2: Verb		Ende
fern/sehen	Sie	sehen	gerne	fern.
mit/kommen		Kommst	du	mit?
ab/holen	Ich	hole	dich um acht Uhr	ab.
ein/kaufen	Wir	kaufen	gerne	ein.
an/fangen	Wann	fängt	der Film	an?
auf/stehen	Um wie viel Uhr	stehst	du	auf?
	Wir	können		anfangen.
	Kannst	du heute		mitkommen?

Nomen-Verb-Kombinationen

Rad fahren	Ich	fahre	gerne	Rad.
ins Kino gehen	Wir	gehen	am Samstag	ins Kino.

Nomen und Artikel

Artikel

	Maskulinum	Neutrum	Femininum	Plural
bestimmte Artikel	der Laptop	das Tablet	die Maus	die Laptops/Tablets/Mäuse
unbestimmte Artikel	ein Laptop	ein Tablet	eine Maus	— Laptops/Tablets/Mäuse
unbestimmte Artikel (negativ)	kein Laptop	kein Tablet	keine Maus	keine Laptops/Tablets/Mäuse
Possessivartikel	mein* Laptop	mein* Tablet	meine* Maus	meine Laptops/Tablets/Mäuse

*Genauso funktionieren: dein, sein, ihr, unser, euer → siehe Seite 75.

Singular und Plural

-e	der Stift	die Stifte
-n	die Tasche	die Taschen
–	das Kaninchen	die Kaninchen
-nen	die Schülerin	die Schülerinnen
"-er	das Buch	die Bücher
"-e	die Maus	die Mäuse
-s	das Tablet	die Tablets

…

Nomen immer mit Artikel und Pluralform lernen.

die Maus die Mäuse
Ich mag Mäuse.

Femininum und Maskulinum bei Berufen

der Lehrer	die Lehrerin
der Schüler	die Schülerin
der Verkäufer	die Verkäuferin
der Polizist	die Polizistin
der Arzt	die Ärztin

der Lehrer

Nominativ und Akkusativ

Nominativ

Maskulinum	Neutrum	Femininum	Plural
Das ist der Laptop.	Das ist das Tablet.	Das ist die Maus.	Das sind die Laptops/Tablets/Mäuse.
Das ist ein Laptop.	Das ist ein Tablet.	Das ist eine Maus.	Das sind – Laptops/Tablets/Mäuse.
Das ist kein Laptop.	Das ist kein Tablet.	Das ist keine Maus.	Das sind keine Laptops/Tablets/Mäuse.
Das ist mein Laptop.	Das ist mein Tablet.	Das ist meine Maus.	Das sind meine Laptops/Tablets/Mäuse.

Das Subjekt ist immer im Nominativ – Frage WER? (Personen) oder WAS? (Dinge).

Akkusativ

Maskulinum	Neutrum	Femininum	Plural
Ich suche den Laptop.	Ich suche das Tablet.	Ich suche die Maus.	Ich suche die Laptops/Tablets/Mäuse.
Ich habe einen Laptop.	Ich habe ein Tablet.	Ich habe eine Maus.	Ich habe – Laptops/Tablets/Mäuse.
Ich habe keinen Laptop.	Ich habe kein Tablet.	Ich habe keine Maus.	Ich habe keine Laptops/Tablets/Mäuse.
Ich suche meinen Laptop.	Ich suche mein Tablet.	Ich suche meine Maus.	Ich suche meine Laptops/Tablets/Mäuse.

Das (direkte) Objekt steht im Akkusativ: Frage WEN? (Personen) oder WAS? (Dinge).
Beim Akkusativ merken: Im Maskulinum Singular ist die Endung -*en*.

Die meisten Verben haben Akkusativ.
abholen, basteln, beginnen, bekommen, brauchen, buchstabieren, fragen, haben, hören, kaufen, kochen, kosten, lernen, lesen, machen, malen, mögen, reiten, sagen, schreiben, sehen, singen, spielen, studieren, suchen, tanzen, treffen, trinken, verdienen, waschen …

Possessivartikel

	der Bruder	das Kind	die Schwester	die Eltern
ich	**mein** Bruder	**mein** Kind	**meine** Schwester	**meine** Eltern
du	**dein** Bruder	**dein** Kind	**deine** Schwester	**deine** Eltern
er	**sein** Bruder	**sein** Kind	**seine** Schwester	**seine** Eltern
es	**sein** Bruder	**sein** Kind	**seine** Schwester	**seine** Eltern
sie	**ihr** Bruder	**ihr** Kind	**ihre** Schwester	**ihre** Eltern
wir	**unser** Bruder	**unser** Kind	**unsere** Schwester	**unsere** Eltern
ihr	**euer** Bruder	**euer** Kind	**eu(e)re** Schwester	**eu(e)re** Eltern
sie	**ihr** Bruder	**ihr** Kind	**ihre** Schwester	**ihre** Eltern
Sie	**Ihr** Bruder	**Ihr** Kind	**Ihre** Schwester	**Ihre** Eltern

Possessives –s

Beate	Beates Buch = das Buch von Beate = ihr Buch
Papa	Papas Tablet = das Tablet von Papa = sein Tablet

Adjektive

Adjektive nach dem Nomen

Biologie finde ich **interessant**.

Der Elefant ist **groß**.
Der Tiger ist **stark**.
Die Maus ist **klein**.

Präpositionen

Ort

● Woher kommst du?
■ Aus Deutschland, aus Berlin.
● Wo wohnst du jetzt?
■ In Österreich, in Wien.

Zeit

Wann kommst du?	Um acht Uhr.
Wie lange hast du Schule?	Von acht Uhr bis Viertel nach eins.
Wie viel Uhr ist es?	Zwölf Uhr.
	Viertel vor zwölf.
	Viertel nach zwölf.
Wann habt ihr Sport?	Am Montag.

Andere Präpositionen

Was möchtest du zum Geburtstag?	Ein Fahrrad.
Wie viel Taschengeld bekommst du?	Ich bekomme 25 Euro pro Monat.

Die Wörter im Satz

W-Fragen

	Position 2: Verb	
Wie	heißt	du?
Woher	kommst	du?
Wo	wohnst	du?
Wann	stehst	du auf?
Wie lange	bist	du in der Schule?
Was	kannst	du gut?

Ja/Nein-Fragen und Antworten

Magst	du	Sport?
Hat	dein Bruder	ein Haustier?
Kommst	du	mit?
Kannst	du	kochen?

Kannst du gut kochen?

Nein, aber ich kann gut essen.

Aussagesätze

	Position 2: Verb		Ende
Ich	schwimme.		
Mario	schwimmt	gern.	
Sie	hat	eine Katze.	
Jugendliche	hören	gerne Musik.	
Sie	können	sehr gut	jonglieren.
Du	kannst	gern	mitspielen.
Er	sieht	gerne	fern.
Sie	kommt		mit.

Aussagesätze mit Zeitangaben

	Position 2: Verb		Ende
Tom und Tina	gehen	heute Abend	ins Kino.
Heute Abend	gehen	Tom und Tina	ins Kino.

Rechtschreibung

Groß- und Kleinschreibung

Namen schreibt man groß:	Deutschland, Berlin, Smarti, Herr Dahms, Frau Tautz …
Nomen schreibt man groß:	das Heft, der Kuli, der Vorname, die Familie, die Katze …
Am Satzanfang schreib man groß:	Mein Name ist Michael Dahms. Ich komme aus Münster und wohne in Rio.
Höflichkeitsform – die Pronomen und die Possessivartikel schreibt man groß:	Wie heißen Sie? Wie ist Ihr Name? Wo wohnen Ihre Kinder?

Punkt und Fragezeichen am Satzende

Nach Aussagesätzen steht ein Punkt:	Ich heiße Smarti.
Nach Fragesätzen steht ein Fragezeichen:	Wie heißt du? Heißt du Smarti?

Was kann ich jetzt? – Lösungen und Lösungsbeispiele

E1 | Das bin ich

1 Begrüßen/Verabschieden
Zum Beispiel:
2a Hallo. Ich heiße Lukas. Und du?
2b Tschüs. Bis dann.
2c Guten Tag. Ich bin Lukas Müller.

2 Fragen und Antworten
1c – 2a – 3b – 4a

3 Einen Text über mich schreiben
Ich heiße … und wohne in … .
Ich mag … und … .
Ich komme aus … .

4 Buchstabieren
1. Daniel – 2. Wolfgang – 3. Mia

5 Ein Formular ergänzen:
Zum Beispiel:

Name	T o n y M e i e r
Adresse	
Straße	B a c h s t r a ß e 4 8
Wohnort	5 0 6 6 6 K ö l n
Land	D e u t s c h l a n d

6 Sagen, was du magst
Zum Beispiel:
Ich mag Radfahren, Schwimmen und Tennis.

E2 | Meine Klasse

1 Sagen was du magst / nicht magst
1. Ja, ich mag Mathe sehr. – 2. Ich auch. – 3. Na ja, es geht.

2 Fragen und Antworten
1d – 2a – 3e – 4b – 5c

3 Fragen zu Personen
Wie heißt deine Freundin?
Magst du Geschichte?
Wie ist deine Telefonnummer?

4 Telefonnummern
1. 605 487 559 – 2. 743 605 211 – 3. 624 520 037

5 Sachen benennen
1. der Bleistift – 2. der Spitzer – 3. der Kuli –
4. die Brille – 5. die Schere – 6. das Mäppchen –
7. das Lineal – 8. der Rucksack

E3 | Tiere

1 Über Tiere sprechen
Zum Beispiel
1. Ja, ich habe einen Hund. / Nein, ich habe kein Haustier.
2. Ja, ich habe eine Katze. / Nein, ich habe keine Katze.
3. Mein Lieblingstier ist der Elefant.
4. Ja, ich mag Spinnen. / Nein, ich mag Spinnen nicht.
5. Ja, er/sie mag Hunde. / Nein, er/sie mag Hunde nicht.

2 Über Tiere sprechen
Zum Beispiel:
1. Hast du ein Haustier?
2. Wie heißt er? / Wie heißt der/dein Hund?
3. Wie alt ist er? / Wie alt ist der/dein Hund?
4. Wie heißt dein Lieblingstier?
5. Magst du Katzen?

3 Berichten
Zum Beispiel:
Das ist Siri. Sie ist 13 Jahre alt und sie ist in Klasse 7. Sie hat eine Katze und sie mag Hunde und Mäuse (und Vögel). Ihre Katze heißt Mux. Sie ist drei Jahre alt. Sie ist schwarz und sehr lieb. Ihr Hund heißt Tasso. Er ist fünf Jahre alt. Er ist braun und groß.

4 Wie viele … sind das?
A Das sind fünf Hunde.
B Das sind vier Vögel.
C Das sind vier Tiere.

5 Einen Hörtext über Lieblingstiere verstehen
1: richtig – 2: falsch – 3: falsch – 4: richtig

E4 | Mein Tag

1 Uhrzeiten erfragen und sagen
● Wie viel Uhr ist es?
■ Es ist 7 Uhr 45.
● Wann beginnt dein Unterricht?
■ Um 8 Uhr.

2 Uhr und Stunde
● Wie viel Uhr ist es?
■ Kurz nach 10.
● Hast du eine Uhr?
■ Nein, aber ein Smartphone. Es ist 10 Uhr 9.
● Wie viele Stunden Deutsch hast du pro Woche?
■ Drei.

3 Wörter zum Thema „Zeit"
Die Wochentage
der Montag, der Dienstag, der Mittwoch, der Donnerstag, der Freitag, der Samstag, der Sonntag

montags, dienstags, mittwochs, donnerstags, freitags, samstags, sonntags

Die Tageszeiten
der Morgen, der Vormittag, der Mittag, der Nachmittag, der Abend, die Nacht

morgens, vormittags, mittags, nachmittags, abends, nachts

4 Zeitangaben machen

Zum Beispiel:
1. Morgen schreiben wir einen Mathetest.
2. Von Montag bis Freitag habe ich Schule.
3. Am Wochenende habe ich keine Schule.
4. Um 8 Uhr beginnt der Unterricht.

E5 | Hobbys

1 Verabredungen machen

1f – 2c – 3b – 4a – 5d – 6e

2 Was kannst du gut / nicht so gut?

1. Ja, ich kann gut singen. / Nein, ich kann nicht (so) gut singen.
2. Ja, ich kann gut Ski fahren. / Nein, ich kann nicht (so) gut Ski fahren.
3. Ich kann nicht so gut malen/singen / Klavier spielen …
4. Ich kann sehr gut schwimmen / Englisch / Inliner fahren …

3 Sagen, was man gerne macht

Eva:
☺ … fährt gerne Skateboard, sieht gerne fern, hört gerne Musik.
☹ … macht nicht gerne Hausaufgaben, steht nicht gerne früh auf, schwimmt nicht gerne.

4 Freizeitaktivitäten

1: fernsehen – 4: Freunde treffen – 7: basteln –
2: kochen – 5: schwimmen – 8: Musik hören –
3: tanzen – 6: ins Kino gehen – 9: Musik/Radio hören

E6 | meine Familie

1 Ein Bild beschreiben

Hinten links ist Lukas und Pia ist *rechts*. Anita ist *in der Mitte*. Max, der Hund, ist *vorne*.

2 Sagen, wem etwas gehört

1. Ja, das ist *mein* Smartphone. – 2. Ja, das ist *ihre* Sonnenbrille. –
3. Ja, *unser* Hund heißt Bodo. – 4. Ja, *sein* Fahrrad ist ganz toll.

3 Einen Hörtext über „Familie" verstehen

1r – 2r – 3f – 4r – 5r – 6r – 7f – 8f

4 Verwandtschaft

Onkel – Großmutter/Oma – Schwester

5 Über Berufe sprechen

Zum Beispiel:
Ich habe einen Cousin. Er ist Pilot. – Meine Mutter ist Lehrerin. – Mein Vater ist Arzt.

E7 | Was kostet das?

1 Sagen, was man haben möchte

● Was möchtest du?
■ Ich möchte einen Comic.
● Noch etwas?
■ Einen Kuli.

2 Wünsche äußern

Hannah möchte einen Hund.
Jens möchte ein Tablet / ein Smartphone.
Ich möchte einen/ein/eine …

3 Preise verstehen

1. Der Comic kostet 4,99 Euro.
2. Die Zeitschriften kosten 7 Euro 50 oder 9,90.
3. Das Mädchen bezahlt zusammen 12,49 €.

4 Über Taschengeld sprechen

Zum Beispiel:
Bekommst du Taschengeld? – Ich bekomme …
Wie viel Taschengeld bekommst du? – Ich bekomme …

Sagen, was man gut / nicht gut findet

Zum Beispiel:
1. … super. … gern. 2. … finde ich langweilig. … spiele ich gern.

6 Drei Lesestrategien

1A – 2B – 3C

Quellen

Bildquellen

Cover Getty Images, artpipi – **S. 3** 1 + 2 + 3 + 4 + 7: Cornelsen Schulverlage, Hugo Herold; Kleine Pause: Cornelsen Schulverlage, filma productions; 5: Shutterstock, Pinkcandy; 6: Shutterstock, Vitalinka; Große Pause: Cornelsen Schulverlage, filma productions – **S. 4** Cornelsen Schulverlage, Hugo Herold – **S. 5** links: Fotolia, World travel images; 2. von links: Shutterstock, milosk50; Mitte: Shutterstock, Mihai-Bogdan Lazar; 2. von rechts: Shutterstock, Tupungato; rechts: Shutterstock, manfredxy – **S. 6** oben links: Cornelsen Schulverlage, Hugo Herold; oben rechts: Shutterstock, Robert Kneschke; unten links + unten rechts: Cornelsen Schulverlage, Hugo Herold – **S. 8** links: Shutterstock, fstockfoto; Mitte: Shutterstock, Elena Schweitzer; rechts: Shutterstock, Mihai-Bogdan Lazar – **S. 9** Fotolia, goldencow_images – **S. 12** oben: Cornelsen Schulverlage, Hugo Herold; Mitte: Fotolia, auremar; unten: Shutterstock, Pete Pahham – **S. 13** Shutterstock, Juriah Mosin – **S. 14** Cornelsen Schulverlage, Hugo Herold – **S. 15** oben: Shutterstock, Ciprian Stremtan; 1. Reihe links: Shutterstock, Kucher Serhii; 1. Reihe 2. von links: Shutterstock, Mark Oleksiy; 1. Reihe 2. von rechts: Shutterstock, DVARG; 1. Reihe rechts: Shutterstock, Venus Angel; 2. Reihe links: Shutterstock, aperturesound; 2. Reihe 2. von links: Shutterstock, Roman Samokhin; 2. Reihe 2. von rechts: Fotolia, Africa Studio; 2. Reihe rechts: Fotolia, Juulijs; 3. Reihe links: Shutterstock, Butterfly Hunter; 3. Reihe 2. von links: Fotolia, Kathrin39; 3. Reihe 2. von rechts: Shutterstock, Dimedrol68; 3. Reihe rechts: Shutterstock, Ivonne Wierink – **S. 16** 1. Reihe links: Shutterstock, cobalt88; 1. Reihe 2. von links: Cornelsen Schulverlage, Getty Images, artpipi; 1. Reihe Mitte: Shutterstock, Baloncici; 1. Reihe 2. von rechts: Fotolia, Juulijs; 1. Reihe rechts: Shutterstock, Mark Oleksiy; 2. Reihe links: Fotolia, Stüber; 2. Reihe 2. von links: Cornelsen Schulverlage, Hugo Herold; 2. Reihe Mitte: Shutterstock, Picsfive; 2. Reihe 2. von rechts: Shutterstock, Butterfly Hunter; 2. Reihe rechts: Shutterstock, Kucher Serhii; 3. Reihe links: Shutterstock, Dimedrol68; 3. Reihe 2. von links: Fotolia, Africa Studio; 3. Reihe Mitte: Fotolia, eyeQ; 3. Reihe 2. von rechts: Shutterstock, Seregam; 3. Reihe rechts: Shutterstock, Olga Popova; unten: Cornelsen Schulverlage, Hugo Herold – **S. 17** A: Shutterstock, Nejc Vesel; B: Shutterstock, Patrick Foto; C: Shutterstock, Kaderov Andrii; D: Fotolia, gekaskr; E: Fotolia, BestPhotoStudio; F: Shutterstock, Flashon Studio – **S. 18** 1: Shutterstock, Kucher Serhii; 2: Shutterstock, Seregam; 3: Shutterstock, Mark Oleksiy; 4: Fotolia, Kathrin39; 5: Shutterstock, Butterfly Hunter; 6: Shutterstock, Baloncici; 7: Fotolia, Juulijs; 8: Shutterstock, Venus Angel – **S. 20** oben links: Cornelsen Schulverlage, Hugo Herold; oben 2. von links: Fotolia, Fotoimpressionen; oben Mitte: Shutterstock, ene; oben 2. von rechts: Shutterstock, Kjuuurs; oben rechts: Shutterstock, Elena Elisseeva; unten: Fotolia, hanter112 – **S. 22** Cornelsen Schulverlage, Hugo Herold – **S. 23** oben: Shutterstock, Alexey Sokolov; Mitte: Fotolia, Franz Pfluegl; unten: Fotolia, JM Fotografie – **S. 26** Fotolia, Eric Isselée – **S. 28** Cornelsen Schulverlage, Hugo Herold – **S. 30** links: Fotolia, Scirocco340; rechts: Fotolia, eunikas – **S. 31** oben: Cornelsen Schulverlage, Hugo Herold; 1: Fotolia, Jack Jelly; 4: Fotolia, Marco2811; 5: Fotolia, Olga Kovalenko – **S. 32** Cornelsen Schulverlage, Hugo Herold – **S. 33** Cornelsen Schulverlage, Hugo Herold – **S. 35** 1: Shutterstock, Micha Klootwijk; 2 + 3 + 6 + 8 + 9: Cornelsen Schulverlage; 4: Fotolia, Glaser; 5: Fotolia, eyeQ; 7: Shutterstock, Martina Vaculikova – **S. 36** oben: Shutterstock, Sergey Nivens; unten: Fotolia, Tony – **S. 37** Fotolia, Vera Kuttelvaserova – **S. 38** links: Shutterstock, AlexRoz; rechts: Fotolia, bloomua – **S. 41** Fotolia, Syda Productions – **S. 42** Cornelsen Schulverlage, Hugo Herold – **S. 43** oben: Fotolia, Stasique; Mitte: Fotolia, iko; unten: Fotolia, mauricioavramow – **S. 45** A: Shutterstock, B & T Media Group Inc.; B: Shutterstock, Olga Popova; C: Clip Dealer, kaarsten; D: Shutterstock, Tomasz Trojanowski – **S. 48** Shutterstock, Pressmaster – **S. 49** links + 3: Fotolia, grafikplusfoto; 1: Fotolia, Andy Dean; 2: Fotolia, maksymowicz; 4: Shutterstock, Tatyana Vyc; 5: Fotolia, Sakala – **S. 51** A: Shutterstock, wavebreakmedia; B: Shutterstock, Andresr; C: Fotolia, ROBERTA ZANLUCCHI – **S. 52** oben: Fotolia, Kaarsten; unten links: Shutterstock, Dragon Images; 2. von unten links: Fotolia, Inna Kovalenko; unten Mitte: Shutterstock, Yury Artamonov; 2. von unten rechts: Shutterstock, Africa Studio; unten rechts: Shutterstock, Pavel L Photo and Video – **S. 55** links: Fotolia, Karin & Uwe Annas; rechts: Shutterstock, dotshock – **S. 56** oben: Cornelsen Schulverlage, Hugo Herold; 1: Shutterstock, Roman Samokhin; 2: Fotolia, aigarsr; 3: Fotolia, DeVIce; 4: Shutterstock, Tetiana Yurchenko; 5: Fotolia, awfoto – **S. 57** Cornelsen Schulverlage, Hugo Herold – **S. 58** Cornelsen Schulverlage, Hugo Herold – **S. 60** links: Shutterstock, Karramba Production; 2. von links: Shutterstock, HomeArt; Mitte: Fotolia, Light Impression; 2. von rechts: Fotolia, Eric Isselée; rechts: Shutterstock, Albina Tiplyashina – **S. 62** mauritius images, Werner OTTO – **S. 65** Shutterstock, Dejan Ristovski – **S. 66** oben: Fotolia, Picture-Factory; Mitte: Fotolia, porkiepie; unten links: Shutterstock, Ttstudio; unten rechts: Shutterstock, Elena Elisseeva – **S. 67** Shutterstock, Jacek Chabraszewski – **S. 68** Cornelsen Schulverlage, Hugo Herold – **S. 70** oben links: Fotolia, SchneiderStockImages; oben 2. von links: Fotolia, contrastwerkstatt; oben Mitte: Fotolia, Elena Schweitzer; oben 2. von rechts: Fotolia, PhotographyByMK; oben rechts: Fotolia, VRD; unten links: Shutterstock, Bplanet; unten 2. von links: Fotolia, koszivu; unten Mitte: Fotolia, The Dragon; unten 2. von rechts: Fotolia, ghughu; unten rechts: Fotolia, md3d – **S. 71** 9, 7: Fotolia, jojje11; 10, 6, 1: Fotolia, Andrew Barker; 3, 2, 5: Fotolia, Neyro; 8, 4: Fotolia, bloomua

Textquellen

S. 52 Hans Manz: Gedicht „Kinder" aus: „Die Welt der Wörter", Beltz-Verlag